Sur le chemin de la sérénité

Conseils et Exercices Pratiques pour un Esprit sain et en paix

Copyright©2024 par Julien Pitaud
Tous droits réservés: 1ère édition 2024

Table des matières

- Mot de l'auteur 1
- Comment utiliser ce livre 3
- Introduction 5
- D'un point de vue médical 6
- Dans la science yogique 9

Partie 1 : Préparation à la Pratique 14

Chapitre 1 : Créer un Espace de Pratique 15

- Choix de l'Emplacement 16
- Aménagement de l'Espace 16
- Ritualisation de l'Espace 18

Chapitre 2 : Se Préparer Mentalement 19

- Pratiquer la Pleine Conscience 20
- Conscience respiratoire 20
- Lâcher Prise des Attentes 20
- Visualisation 21
- Utilisation de Mantras ou d'Affirmations 21
- Reconnaissance et Acceptation 21
- Engagement envers la Bienveillance 21
- Transition en Douceur 21
- Ritualisation 22

Partie 2 : Les Exercices Pratiques..23

Chapitre 3 : La respiration...24

- Conseils et mises en garde..25
- Introduction à la respiration consciente..................................26
- D'un point de vue médical...29
- Dans la science yogique...32
- Exercice 1 : La respiration abdominale..................................34
- Exercice 2: Respiration 4-7-8...37
- Exercice 3: Respiration carrée ou Sama Vritti.......................40
- Exercice 4: Respiration alternée des narines ou Nadi Shodhana 43
- Exercice 5: Respiration Ujjayi..46
- Exercice 6: Respiration cohérente ou cohérence cardiaque.....49
- Exercice 7: Respiration de la pleine conscience.....................52
- Exercice 8: Respiration Bhramari...55
- Exercice 9: Respiration du Lion (Simhasana Pranayama)......58
- Exercice 10: Respiration Kapalabhati (Respiration du crâne lumineux)..61
- Exercice 11: Respiration à trois parties (Dirga Pranayama)....64
- Exercice 12: Respiration par le sourire (Sourire Intérieur)......67
- Exercice 13: Respiration de la vague......................................70
- Exercice 14: Respiration psalmodie (Udgeeth Pranayama).....73

Chapitre 4 : Méditations..77

- Introduction à la méditation..78
- D'un point de vue médical..80
- Dans la science yogique..82
- Exercice 1: Méditation de pleine conscience (Mindfulness).....84
- Exercice 2 : Méditation guidée...86
- Exercice 3 : Méditation Vipassana 89
- Exercice 4: Méditation Zazen (Zen).....................................92
- Exercice 5: Méditation de compassion(Metta ou Loving-kindness)..95
- Exercice 6 : Méditation balayage corporel..........................98
- Exercice 7 : Méditation sur les chakras.............................101
- Exercice 8 : Méditation transcendantale...........................108

Chapitre 5 : La visualisation..111

- Introduction..112
- D'un point de vue médical..114
- Dans la science yogique..116
- Comprendre la différence entre la visualisation et la méditation
....118
- Exercice 1: Visualisation de la Nature................................120
- Exercice 2: Visualisation de la Lumière..............................123
- Exercice 3: Visualisation Guidée..126
- Exercice 4 : Visualisation d'un objet..................................129
- Exercice 5 : Visualisation de couleurs................................132
- Exercice 6 : Visualisation de l'Espace................................135
- Exercice 7 : Visualisation d'un Flux d'Énergie..................138
- Exercice 8: Visualisation d'un Sanctuaire Intérieur................141

Partie3 : Une hygiène de vie saine..................................144

Chapitre 6 : activité physique.......................................145

- Introduction...146
- D'un point de vue médical...147
- Dans la science yogique..149
- La marche est une activité bénéfique pour l'esprit.................151
- Le yoga est idéal pour apaiser l'esprit......................153
- Le Tai Chi et le Qi Gong sont bénéfiques pour apaiser le mental 155
- Les étirements sont bénéfiques pour apaiser le mental..........156
- Le Pilates est bénéfique pour apaiser le mental......................157
- L'Importance de l'Activité Physique dans la Quête Personnelle de Bien-être...158

Chapitre 7 : Alimentation..160

- Introduction...161
- D'un point de vue médical...162
- Dans la science yogique..164
- Retour aux Sources - La Valeur Inestimable des Aliments Frais et Locaux..166
- L'Essence de l'Alimentation : Nourrir le Corps et l'Esprit.....169

Chapitre 8 : Sommeil..172

- Introduction...173
- D'un point de vue médical...174
- Dans la science yogique..175
- Cultiver un Sommeil de Qualité - Les Clés du Royaume Nocturne..176
- Le Sommeil, Clé de Voûte d'un Esprit Serein........................178

Chapitre 9: Relation social..180

- Introduction...181
- Les Relations Sociales Toxiques et Leur Impact sur Notre Bien-être..182
- L'Importance des Relations Sociales de Qualité..................183
- La Création de Relations Sociales de Qualité......................185

Chapitre 10: Équilibre vie professionnelle/vie privée..................188

- Introduction...189
- L'Équilibre, Une Quête Essentielle.................................190
- Au-delà de Notre Travail : Vivre en Pleine Conscience et Faire des Choix Éclairés..192
- Harmoniser Vie Professionnelle et Vie Privée....................194

Partie 4 : Intégration Quotidienne..196

Chapitre 11 : Créer une Routine...197

- Introduction...198
- Planifier sa pratique...199
- Cultiver la Motivation et Reconnaître les Effets Positifs.......202

Chapitre 12 : Dépasser les obstacles.......................................205

- Introduction...206
- Gérer Les Interruptions..207
- Adapter la Pratique aux Jours Difficiles..........................209

Conclusion...211

- Récapitulatif des outils et techniques..............................212
- Encouragements pour la suite du voyage.........................215

Mot de l'auteur

Chers lecteurs,

La quête de la sérénité mentale débute par un éveil intérieur, une prise de conscience aiguë de l'état de dissonance dans lequel nous nous trouvons, un état qui contraste avec l'harmonie et la fluidité auxquelles notre être aspire naturellement. Cet éveil est le premier pas vers un désir sincère de transformation, l'impulsion initiale qui nous pousse à rechercher un changement véritable.
Cette prise de conscience nous invite à entreprendre un voyage introspectif, à explorer les profondeurs de notre psyché pour y déceler les entraves qui perturbent notre quiétude. Il s'agit d'une démarche essentielle pour éclairer notre chemin vers la sérénité, pour avancer avec une assurance renouvelée et une paix de l'esprit retrouvée.

C'est avec une profonde gratitude et un vif espoir que je vous présente "Sur Le Chemin De La Sérénité". Ce livre est né d'un voyage personnel à la recherche de la paix intérieure, un périple que je sais être partagé par beaucoup d'entre vous. Dans ces pages, vous trouverez le fruit de nombreuses années d'exploration et de pratique, des exercices qui ont été des phares sur mon chemin vers un esprit plus calme et plus clair.

Je vous invite à aborder ce livre non pas comme un manuel rigide, mais comme un compagnon de voyage. Les exercices proposés sont des invitations à explorer votre propre mental, à apprendre à le connaître, et surtout, à découvrir comment l'apaiser. Chaque pratique est une opportunité de vous reconnecter avec vous-même, de faire une pause dans le tumulte du quotidien et de cultiver un espace de tranquillité en vous.

Je vous encourage à utiliser ce livre comme un jardin de paix où vous pouvez semer les graines de la sérénité et récolter les fruits du bien-être. Soyez patient avec vous-même, car chaque esprit est unique, et chaque voyage est différent. Rappelez-vous que la quête de la sérénité est une pratique continue, une œuvre d'art qui ne cesse de s'embellir avec le temps.

Avec toute ma bienveillance.

COMMENT UTILISER CE LIVRE :

Ce livre peut être une expérience enrichissante et personnalisée. Les exercices sont proposés sous forme d'étapes faciles à comprendre et à mettre en pratique.

- Feuilletez le livre. Prenez le temps de le parcourir pour avoir une idée générale des thèmes et des types d'exercices proposés.

- Choisissez un thème qui vous semble adapté à vos besoins du moment. Choisissez intuitivement un exercice.

- Créez un environnement propice. Trouvez un endroit calme où vous ne serez pas dérangé pendant que vous pratiquerez les exercices. Avant de commencer un exercice, lisez-le attentivement en entier pour comprendre l'objectif et la méthode. Suivez les instructions de l'exercice avec attention, en prenant votre temps et en étant pleinement présent.

- Après chaque exercice, prenez un moment pour noter ce que vous avez ressenti, ce qui a fonctionné ou non. Si un exercice ne vous convient pas, n'hésitez pas à passer à un autre qui semble plus approprié.

- Essayez d'intégrer les exercices qui vous ont le plus aidé dans votre routine quotidienne pour un effet durable. Variez les exercices. N'hésitez pas à revenir au livre et à essayer de nouveaux exercices pour diversifier votre pratique.

- Évaluez vos progrès. De temps en temps, réfléchissez à l'impact des exercices sur votre bien-être général. Soyez patient et persévérant. La pratique régulière est la clé pour calmer le mental, alors soyez patient avec vous-même et persévérez même si les résultats ne sont pas immédiats.

Conseils supplémentaires:

- Partagez votre expérience. Parler des exercices avec des amis ou dans un groupe peut enrichir votre expérience et vous fournir de nouvelles perspectives.

- Utilisez des marque-pages. Marquez les exercices qui vous ont été particulièrement bénéfiques pour y revenir facilement.

En suivant ces étapes, vous pourrez utiliser ce livre comme un outil flexible et adapté à vos besoins personnels pour calmer votre mental. L'important est de rester ouvert, curieux et engagé dans le processus d'apprentissage sur ce qui fonctionne le mieux pour vous.

INTRODUCTION :

Ce livre a été conçu comme un guide pratique et accessible pour toute personne cherchant à apaiser son mental et à trouver un état de calme intérieur. Bien qu'il aborde une variété de sujets liés au bien-être mental, l'objectif principal n'est pas de fournir une analyse approfondie ou des explications détaillées sur ces thèmes. Au lieu de cela, le livre se concentre sur la fourniture d'exercices pratiques et faciles à exécuter.

Il exposera de manière générale le point de vue de la médecine moderne et celui du yoga pour une compréhension plus approfondie sur chaque sujet.

Vous allez trouver des techniques et des pratiques que vous pouvez intégrer dans votre vie quotidienne sans nécessiter beaucoup de temps ou de préparation. Ces exercices ont été soigneusement sélectionnés pour leur efficacité et leur simplicité, permettant aux débutants comme aux pratiquants avancés de bénéficier de leurs effets apaisants.

Le lecteur est encouragé à utiliser ce livre comme un point de départ pour sa propre exploration personnelle. Si un sujet particulier vous intrigue ou si vous ressentez le besoin d'approfondir votre compréhension, vous êtes invité à poursuivre vos recherches à ce sujet. Que ce soit par la lecture supplémentaire, des ateliers, des cours en ligne ou des discussions avec des experts, il existe une multitude de ressources disponibles pour enrichir votre connaissance et votre pratique.

En somme, ce livre est un outil pratique destiné à vous guider vers une pratique personnelle qui peut calmer l'esprit et améliorer le bien-être général. Il est là pour vous aider à démarrer et à établir une routine pour reprendre le contrôle de votre mental, tout en vous laissant la liberté d'explorer et d'approfondir votre compréhension à votre propre rythme.

D'UN POINT DE VUE MEDICAL, le « mental » fait généralement référence à l'ensemble des fonctions cognitives et émotionnelles qui sont associées au cerveau. Cela inclut la pensée, la perception, l'émotion, la volonté, la mémoire et d'autres aspects de l'expérience consciente et inconsciente.

Fonctions cognitives :

- Perception : La capacité de reconnaître et d'interpréter les stimuli sensoriels.
- Attention : La capacité de se concentrer sur un aspect particulier de l'information tout en ignorant d'autres stimuli.
- Mémoire : La fonction par laquelle l'information est encodée, stockée et récupérée.
- Pensée : Le processus de réflexion qui implique le traitement de l'information pour établir des concepts, jugements et raisonnements.
- Langage : La capacité de comprendre et de produire un langage pour communiquer.

Fonctions émotionnelles :

- Émotions : Réponses complexes qui engagent plusieurs systèmes du corps (comme le système endocrinien et le système nerveux autonome) et influencent l'humeur et le comportement.
- Humeur : Un état émotionnel prolongé qui peut affecter la perception et le comportement d'une personne.

Fonctions exécutives :

- Planification : La capacité d'élaborer des stratégies et de planifier des actions futures.
- Résolution de problèmes : La capacité de trouver des solutions aux défis et aux obstacles.
- Prise de décision : Le processus d'évaluation des options et de sélection d'un cours d'action.

Conscience :

- Conscience de soi : La reconnaissance de soi en tant qu'individu distinct.
- Conscience situationnelle : La conscience de l'environnement et de la situation actuelle.

Santé mentale :

- La santé mentale est un aspect crucial de la médecine et fait référence à un état de bien-être dans lequel chaque individu réalise son propre potentiel, peut faire face au stress normal de la vie, peut travailler de manière productive et est capable de contribuer à sa communauté. Les troubles de la santé mentale, tels que la dépression, l'anxiété, les troubles bipolaires et la schizophrénie, sont des conditions médicales qui caractérisent la manière dont une personne pense, ressent, se comporte et interagit avec les autres.

Neurobiologie :

- Sur le plan biologique, le mental est le produit de l'activité neurobiologique du cerveau. Les neurotransmetteurs, les hormones, les circuits neuronaux et les régions cérébrales spécifiques jouent tous un rôle dans le fonctionnement du mental. Les déséquilibres chimiques ou les dysfonctionnements structurels dans le cerveau peuvent entraîner des altérations des fonctions mentales.

Conclusion :

En médecine, le mental est donc considéré comme un ensemble complexe de fonctions cérébrales qui interagissent et sont influencées par des facteurs biologiques, psychologiques, sociaux et environnementaux. La compréhension et le traitement des maladies mentales nécessitent une approche holistique qui prend en compte tous ces facteurs.

DANS LA SCIENCE YOGIQUE, le mental est souvent décrit comme un outil complexe et puissant qui détermine la qualité de notre expérience de vie. Il est considéré comme une interface subtile entre le monde extérieur et notre conscience intérieure.

Le mental, ou "manas" en sanskrit, est l'aspect de notre être qui perçoit, interprète et réagit aux stimuli sensoriels. Il est le siège des pensées, des émotions et des souvenirs, et fonctionne comme un filtre à travers lequel nous expérimentons la réalité.

Le mental est souvent divisé en différentes composantes :

- Manas : L'aspect du mental qui est responsable de la perception sensorielle et de l'attention. Il est comparé à un miroir qui reflète les impressions sensorielles.

- Buddhi : L'intellect ou la faculté de discernement. C'est la partie du mental qui juge, décide et fait preuve de discernement. Le buddhi est considéré comme le guide qui peut mener le mental vers la sagesse ou l'ignorance.

- Ahamkara : L'ego ou le sens du "je". C'est l'aspect du mental qui identifie l'expérience avec le soi individuel. Il est responsable de l'attachement et de l'identification aux expériences personnelles.

- Chitta : La mémoire ou le réservoir de toutes les impressions passées, qui forme le subconscient. Il est la base de nos samskaras, ou empreintes mentales, qui influencent nos réactions et comportements.

Dans la pratique du yoga, le mental est à la fois un obstacle et un véhicule. Il est un obstacle quand il est agité et incontrôlé, conduisant à des pensées et des émotions perturbatrices qui peuvent causer de la souffrance. Cependant, il devient un véhicule lorsqu'il est maîtrisé et calme, permettant à l'individu d'atteindre des états de conscience plus élevés.

Cette science présente diverses techniques pour calmer et contrôler le mental, notamment :

- Asana (postures de yoga) : pour préparer le corps et calmer le mental en vue de la méditation.

- Pranayama (techniques de respiration) : pour réguler le prana (énergie vitale) et stabiliser le mental.

- Dharana (concentration) : pour entraîner le mental à se focaliser sur un seul point ou objet.

- Dhyana (méditation) : pour cultiver un état de conscience sans objet, où le mental est complètement absorbé.

- Samadhi (état de conscience supérieure) : l'objectif ultime du yoga, où l'individu expérimente l'unité avec tout ce qui est, au-delà des limitations du mental.

En résumé, le mental est un outil dynamique qui, lorsqu'il est utilisé avec sagesse, peut mener à une compréhension plus profonde de soi et à une expérience de vie plus équilibrée et harmonieuse. La maîtrise du mental est donc essentielle pour atteindre la paix intérieure et la réalisation spirituelle.

Le mental est souvent comparé à une eau agitée. Quand elle est calme, elle reflète clairement le monde qui l'entoure, mais quand elle est agitée, les images qu'elle reflète sont déformées. De la même manière, un mental calme permet une perception plus claire de la réalité et une meilleure prise de décision.

La science yogique est souvent citée comme une référence de premier plan pour calmer l'esprit en raison de son approche holistique et de sa compréhension profonde de la nature humaine.

Approche Intégrale:

- Le yoga ne se limite pas à la pratique physique. Il intègre des techniques de respiration (Pranayama), de méditation (Dhyana), de concentration (Dharana), et des principes éthiques (Yamas et Niyamas), qui travaillent ensemble pour apaiser l'esprit.

Ancienneté et Sagesse:

- Le yoga est une tradition ancienne qui a été affinée au fil de milliers d'années. Il est fondé sur des textes classiques comme les Yoga Sutras de Patanjali, qui offrent une sagesse intemporelle sur la maîtrise de l'esprit.

Compréhension du Lien Corps-Esprit:

- La science yogique reconnaît l'interdépendance du corps et de l'esprit. Les postures de yoga (Asanas) sont conçues pour préparer le corps à la méditation, facilitant ainsi un état d'esprit plus calme.

Réglementation du Système Nerveux:

- Le yoga utilise des techniques de respiration pour activer le système nerveux parasympathique, ce qui induit une réponse de relaxation naturelle dans le corps et aide à calmer l'esprit.

Réduction du stress:

- Les pratiques yogiques sont efficaces pour réduire le stress, l'une des principales causes de l'agitation mentale. Elles aident à diminuer les niveaux de cortisol, l'hormone du stress, dans le corps.

Développement de la Pleine Conscience:

- Le yoga encourage la pleine conscience et la présence dans l'instant, ce qui est essentiel pour calmer le flot incessant de pensées et pour cultiver la paix intérieure.

Équilibre Émotionnel:

- La méditation et les techniques de respiration yogiques permettent d'équilibrer les émotions, permettant une meilleure gestion des réactions émotionnelles et une plus grande stabilité mentale.

Accessibilité et Adaptabilité:

- Le yoga offre une variété de techniques qui peuvent être adaptées à tous les niveaux de capacité et à tous les âges, ce qui le rend accessible à une large population.

Auto-Émancipation:

- Le yoga enseigne l'autonomie dans la pratique de la gestion du mental. Les pratiquants apprennent des techniques qu'ils peuvent appliquer eux-mêmes, favorisant ainsi un sentiment de confiance et de maîtrise de soi.

Perspective Holistique de la Santé

- Le yoga considère la santé dans sa globalité, incluant le bien-être physique, mental, émotionnel et spirituel, offrant ainsi une approche complète pour calmer le mental.

Voie vers la Réalisation de Soi:

- Au-delà de la relaxation et de la réduction du stress, le yoga vise la réalisation de soi et l'éveil spirituel, ce qui peut mener à une paix durable et profonde.

En somme, la science yogique est considérée comme une référence optimale pour calmer le mental car elle offre une méthode éprouvée et complète qui va au-delà de la simple gestion des symptômes pour s'attaquer aux racines de l'agitation mentale. Elle propose un chemin vers une transformation intérieure et une compréhension plus profonde de la nature de l'esprit, conduisant à une tranquillité durable.

Partie 1 : Préparation à la Pratique

Chapitre 1 : Créer un Espace de Pratique

Un espace sain et propice à la méditation et à la relaxation est essentiel pour établir une pratique régulière et efficace. Voici quelques conseils pour aménager un tel espace :

Choix de l'Emplacement:

- Sélectionnez un endroit où vous êtes moins susceptible d'être dérangé par le bruit et l'activité. Cela peut être une pièce peu utilisée, un coin de votre chambre ou même un espace dans un bureau.

- Si possible, dédiez un espace exclusivement à votre pratique. Cela crée une association mentale qui facilite l'entrée dans un état méditatif dès que vous entrez dans cet espace.

Aménagement de l'Espace:

- Gardez l'espace propre et ordonné. Un environnement épuré favorise un esprit clair.

- Intégrez des éléments naturels comme des plantes ou une source d'eau pour améliorer la qualité de l'air et apporter un sentiment de sérénité.

- Assurez-vous d'avoir un coussin de méditation ou une chaise confortable. L'ajout d'un tapis ou d'une couverture peut rendre l'espace plus accueillant.

- Privilégiez la lumière naturelle. Si cela n'est pas possible, utilisez des lampes qui émettent une lumière douce et apaisante.

- Assurez-vous que la température de la pièce est confortable. Ni trop chaude ni trop froide, une température modérée aide le corps à se détendre.

- Éloignez les appareils électroniques ou assurez-vous qu'ils sont en mode silencieux pour éviter les interruptions.

- Placez des objets qui inspirent la paix ou qui ont une signification personnelle, comme des statues, des icônes, des photos de la nature ou des livres inspirants.

- Considérez l'ajout d'une source de son apaisante, comme un carillon éolien, une fontaine ou de la musique douce pour la méditation.

- Utilisez des huiles essentielles ou de l'encens pour créer une atmosphère olfactive propice à la relaxation.

Ritualisation de l'Espace

- Avant de commencer votre pratique, prenez quelques instants pour préparer l'espace. Cela peut inclure l'allumage d'une bougie, la diffusion d'une huile essentielle ou le rangement de l'espace.

- En entrant dans votre espace de méditation, établissez une intention pour votre pratique. Cela peut renforcer la connexion entre l'espace physique et votre état mental.

- Un espace dédié à la pratique peut être un coin de votre chambre ou un endroit spécifique dans votre maison. Cet espace doit être propre, aéré, et si possible, éloigné des distractions quotidiennes.

- Choisissez des éléments qui maintiennent la relaxation, comme des coussins confortables, une lumière douce, ou des objets qui ont une signification personnelle apaisante.

En créant un espace dédié à la méditation et à la relaxation, vous favorisez une habitude qui peut grandement améliorer votre bien-être mental et émotionnel. Cet espace devient un sanctuaire personnel, un lieu où le temps est suspendu et où vous pouvez vous reconnecter avec votre essence la plus profonde.

Chapitre 2 : Se Préparer Mentalement

La préparation mentale est une étape cruciale avant de s'engager dans une séance de méditation ou de relaxation. Elle permet de faire la transition entre l'agitation de la vie quotidienne et l'état de calme nécessaire pour une pratique profonde.

Pratiquer la Pleine Conscience:

- Asseyez-vous et fermez les yeux. Prenez conscience de votre corps et de l'espace qui vous entoure. Notez les sons, les sensations corporelles et l'odeur de l'air. Cette prise de conscience aide à ancrer l'esprit dans le présent.

Conscience Respiratoire:

- Commencez par quelques respirations profondes et lentes. Concentrez-vous sur le souffle entrant et sortant, ce qui aide à signaler au corps et à l'esprit qu'il est temps de ralentir et de se détendre.

Lâcher Prise des Attentes:

- Approchez votre séance de méditation, de relaxation ou autre sans attentes précises. Acceptez que chaque séance soit différente et que votre expérience puisse varier d'un jour à l'autre.

Visualisation :

- Visualisez un état de calme et de sérénité. Imaginez que chaque respiration vous emmène plus profondément dans la relaxation.

Utilisation de Mantras ou d'Affirmations :

- Répétez silencieusement un mantra ou une affirmation positive qui vous aidera à centrer votre attention et à établir un état d'esprit positif. Par exemple, "Je suis calme" ou "Je suis présent".

Reconnaissance et Acceptation :

- Si vous avez des pensées ou des préoccupations qui vous distraient, reconnaissez-les simplement et laissez-les passer sans jugement. Imaginez-les comme des nuages flottant dans le ciel de votre esprit.

Engagement envers la Bienveillance :

- Adoptez une attitude de bienveillance envers vous-même. Abordez une séance avec patience et douceur, en vous souvenant que c'est un chemin de pratique continue plutôt qu'une démonstration de compétence.

Transition en Douceur :

- Avant de commencer votre pratique, accordez-vous quelques instants pour effectuer la transition. Ne vous précipitez pas dans la méditation ou la relaxation ; permettez à votre esprit de s'installer doucement.

Ritualisation

- Créez un petit rituel, cela peut être l'allumage d'une bougie, le son d'une cloche ou tout ce qui pourrait vous aider à symboliser le début de votre pratique. En prenant le temps de vous préparer mentalement, vous créez les conditions optimales pour une séance de méditation ou de relaxation réussie. Cette préparation aide à minimiser les distractions et à maximiser les bienfaits de votre pratique.

- Avant de commencer tout exercice, prenez un moment pour définir votre intention. Cela pourrait être aussi simple que de dire à voix haute ou en pensée : "Je pratique pour calmer mon esprit et apporter de la paix dans ma journée."

Partie 2 : Les Exercices Pratiques

Chapitre 3 : La respiration

CONSEILS ET MISES EN GARDE :

Je tiens à souligner l'importance de consulter un professionnel de santé avant de commencer toute pratique d'exercices de respiration si vous avez des problèmes de santé existants. Bien que les techniques de respiration offrent de nombreux avantages pour le bien-être général, elles peuvent ne pas convenir à tous et pourraient même être contre-indiquées dans certains cas de figure.

Les personnes souffrant de conditions telles que l'hypertension, les maladies cardiovasculaires, l'asthme, les troubles respiratoires chroniques, ou toute autre condition médicale significative, doivent faire preuve de prudence. Une pratique inappropriée pourrait exacerber vos symptômes ou interférer avec vos traitements en cours.

Un avis médical vous permettra d'adapter les exercices à votre condition spécifique, d'identifier les techniques les plus sûres et les plus bénéfiques pour vous, et de déterminer la fréquence et la durée des séances de pratique. Il est essentiel de garantir que votre santé reste la priorité absolue lors de l'intégration des nouvelles pratiques dans votre routine de bien-être.

Prenez soin de vous et de votre santé.

Introduction à la respiration consciente:

La respiration consciente et contrôlée, souvent pratiquée dans des techniques telles que la cohérence cardiaque, la méditation ou le yoga, présente de multiples avantages médicaux et physiologiques.
Voici quelques-uns des bénéfices les plus significatifs :

Réduction du stress et de l'anxiété :

- La respiration contrôlée active le système nerveux parasympathique, qui est responsable de la réponse de relaxation du corps. Cela aide à réduire les niveaux de cortisol, l'hormone du stress, et à diminuer l'anxiété.

Amélioration de la cohérence cardiaque :

- La cohérence cardiaque est un état où la fréquence cardiaque, la respiration et la pression artérielle sont synchronisées et fonctionnent de manière optimale. La pratique régulière de la respiration contrôlée peut améliorer la fluctuation de la fréquence cardiaque, ce qui est un indicateur de bonne santé cardiovasculaire et de résilience au stress.

Contrôle de la pression artérielle :

- Des exercices de respiration lente et profonde peuvent aider à abaisser la pression artérielle en stimulant le nerf vague, ce qui favorise la vasodilatation et la réduction de la tension artérielle.

Amélioration de la fonction pulmonaire :

- La respiration consciente favorise une utilisation complète de la capacité pulmonaire, améliorant l'oxygénation et la ventilation des poumons, ce qui peut être particulièrement bénéfique pour les personnes souffrant de maladies respiratoires chroniques.

Gestion de la douleur :

- La respiration contrôlée peut augmenter la production d'endorphines, les analgésiques naturels du corps, aidant ainsi à gérer la douleur chronique ou aiguë.

Amélioration de la digestion :

- La stimulation du système nerveux parasympathique favorise également une meilleure digestion en augmentant le flux sanguin vers les organes digestifs et en favorisant le mouvement péristaltique.

Renforcement du système immunitaire :

- La réduction du stress et l'amélioration de la circulation sanguine peuvent contribuer à un système immunitaire plus robuste, rendant le corps plus résistant aux infections et aux maladies.

Amélioration de la concentration et de la clarté mentale :

- La respiration consciente peut augmenter le flux sanguin vers le cerveau et favoriser un état de calme, ce qui aide à améliorer la concentration, la clarté mentale et la capacité de prise de décision.

Sommeil de meilleure qualité :

- La pratique de la respiration contrôlée avant le coucher peut aider à induire un état de relaxation qui favorise un endormissement plus rapide et un sommeil plus profond et réparateur.

Réduction de la fatigue :

- En améliorant l'efficacité de l'oxygénation, la respiration consciente peut contribuer à diminuer les niveaux de fatigue et à augmenter les niveaux d'énergie.

La respiration consciencieuse et contrôlée est un outil puissant pour maintenir et améliorer la santé physique et mentale. Elle est accessible, ne nécessite aucun équipement spécial et peut être pratiquée presque partout. De plus, elle est souvent intégrée dans des programmes de réadaptation et de gestion du stress, présentant son importance reconnue dans le domaine médical.

D'UN POINT DE VUE MEDICAL, la respiration est un processus biologique essentiel à la survie de la plupart des organismes vivants, y compris les humains. Elle peut être examinée sous plusieurs aspects fondamentaux :

- La respiration assure l'apport d'oxygène nécessaire aux cellules pour la production d'énergie. L'oxygène est crucial pour la phosphorylation oxydative, un processus qui se déroule dans les mitochondries et qui génère de l'ATP (adénosine triphosphate), la monnaie énergétique de la cellule.

- Le dioxyde de carbone est un déchet métabolique produit par les cellules lors de la production d'énergie. La respiration permet d'éliminer le CO_2 du corps, maintenant ainsi l'équilibre acido-basique du sang, essentiel pour le fonctionnement normal de l'organisme.

- La respiration joue un rôle clé dans la régulation du pH sanguin. Les variations de la respiration peuvent ajuster les niveaux de CO_2 dans le sang, ce qui, à son tour, modifie le pH. Un déséquilibre dans cette régulation peut entraîner des conditions médicales graves comme l'acidose ou l'alcalose.

- L'oxygène est nécessaire à la synthèse de nombreuses molécules de signalisation, y compris les hormones stéroïdiennes et certains neurotransmetteurs, qui sont vitaux pour la communication intercellulaire.

- La respiration joue un rôle dans le fonctionnement du système immunitaire. Par exemple, les cellules immunitaires utilisent l'oxygène pour générer des espèces réactives de l'oxygène (ROS) qui éliminent les agents pathogènes.

- Le processus de respiration produit également de la chaleur comme sous-produit, ce qui contribue à la régulation de la température corporelle.

- Chaque organe a besoin d'oxygène pour fonctionner correctement. Le cerveau, par exemple, est particulièrement sensible à la privation d'oxygène, et même une brève interruption de l'apport en oxygène peut causer des dommages irréversibles.

- La capacité respiratoire est directement liée à la performance physique. Une meilleure respiration permet une meilleure oxygénation des muscles et donc une amélioration de la performance et de l'endurance.

- La respiration est étroitement liée au métabolisme énergétique de l'organisme. Une respiration efficace permet un meilleur métabolisme aérobie, ce qui est crucial pour les activités de longue durée.

- En plus de l'élimination du CO_2, la respiration aide à expulser d'autres toxines volatiles par les poumons.

En somme, la respiration est vitale non seulement pour la survie immédiate, en fournissant de l'oxygène et en éliminant le CO_2, mais aussi pour le maintien de la santé à long terme et la prévention des maladies. Les perturbations de la fonction respiratoire peuvent avoir des conséquences dévastatrices, ce qui souligne l'importance des soins médicaux et de la recherche dans le domaine des maladies respiratoires et de leur traitement.

DANS LA SCIENCE YOGIQUE, la respiration, ou "Pranayama", est considérée comme l'un des piliers les plus importants de la pratique. Elle est vue non seulement comme un moyen vital de nourrir le corps avec de l'oxygène, mais aussi comme une technique puissante pour influencer l'état d'esprit, la santé et la conscience spirituelle.

- La respiration est intimement liée à notre système nerveux. Les pratiques de Pranayama sont conçues pour réguler le flux de « Prana » ou d'énergie vitale dans le corps, ce qui a un impact direct sur le système nerveux autonome.

- Une respiration lente et profonde peut activer le système nerveux parasympathique, qui est responsable de la réponse de relaxation du corps. Cela peut aider à réduire le stress, l'anxiété et favoriser un état de calme et de clarté mentale.

- À l'inverse, une respiration rapide et superficielle est souvent associée à une réaction de stress, activant le système nerveux sympathique et préparant le corps pour la "lutte ou la fuite".

- En apprenant à contrôler notre respiration, nous pouvons donc influencer notre état d'esprit, passant d'un état de réactivité à un état de réponse consciencieuse et surveillée.

- Dans la philosophie yogique, la respiration est vue comme un pont entre le corps, l'esprit et l'âme. Le Pranayama est souvent décrit comme un moyen d'accéder à des états de conscience plus élevés et de se connecter au divin ou à l'universel.

- La maîtrise de la respiration est vue comme un moyen de maîtriser le Prana (le Prana est considéré comme l'essence de la force vitale qui imprègne toute la création) et, par extension, de maîtriser le mental et les sens. Cela conduit à une plus grande maîtrise de soi et à une capacité accrue de méditation profonde, où l'on peut expérimenter une union avec le divin, ou « Yoga » dans son sens le plus élevé.

- Les textes anciens du yoga, tels que les Yoga Sutras de Patanjali, parlent de la capacité de la respiration à révéler le « Soi » intérieur, ou Atman, qui est notre essence divine. En contrôlant le souffle, on peut calmer le mental et les fluctuations des pensées, permettant ainsi à la conscience pure de se manifester.

En résumé, la respiration est un outil essentiel dans la pratique yogique pour maintenir un état d'esprit équilibré et pour explorer les dimensions plus profondes de notre être. Elle est la clé qui peut ouvrir la porte à une expérience directe du divin, nous rappelant que nous sommes bien plus que notre corps physique et notre mental. C'est à travers le souffle que nous pouvons commencer à percevoir notre connexion innée avec l'univers et la présence du divin en nous et autour de nous.

EXERCICE 1 : Respiration abdominale ou diaphragmatique :

C'est l'une des techniques de base qui consiste à respirer profondément en utilisant le diaphragme. Cela permet une meilleure oxygénation et peut aider à réduire la réponse au stress.

La respiration abdominale est une technique simple que vous pouvez pratiquer presque n'importe où pour aider à détendre votre corps et votre esprit.
Voici comment vous pouvez la pratiquer :

Étape 1 : Trouvez un endroit confortable.

Asseyez-vous confortablement sur une chaise avec le dos droit, ou allongez-vous sur le dos, sur un tapis ou un lit. Si vous êtes assis, gardez les pieds à plat sur le sol, (en tailleur ou lotus c'est possible également si vous êtes à l'aise dans la posture)

Étape 2 : Placez vos mains.

Placez une main sur votre poitrine et l'autre sur votre abdomen. Cela vous aidera à être conscient de la manière dont votre abdomen se soulève et s'abaisse avec votre respiration.

Étape 3 : Respirez par le nez.

Fermez la bouche et inspirez lentement par le nez. Essayez de diriger l'air vers le bas de votre ventre, de sorte que la main sur votre abdomen se soulève, tandis que la main sur votre poitrine reste aussi immobile que possible.

Étape 4 : Expire lentement

Expirez lentement par le nez ou par la bouche, selon ce qui vous est le plus confortable. En expirant, laissez votre abdomen s'abaisser naturellement. Imaginez que vous expulsez tout le stress et la tension avec l'air que vous relâchez.

Étape 5 : Continuez le cycle

Continuez à respirer de cette manière, en prenant des inspirations et des expirations lentes et profondes. Concentrez-vous sur le mouvement de votre abdomen et sur la sensation de détente qui accompagne chaque respiration.

Conseils supplémentaires :

- Commencez par pratiquer pendant 5 minutes par jour et augmentez progressivement la durée à mesure que vous devenez plus à l'aise avec la technique.

- Essayez de ralentir votre respiration pour que chaque cycle d'inspiration et d'expiration dure environ 6 secondes.

- Pratiquez régulièrement, idéalement tous les jours, pour en ressentir pleinement les bienfaits.

La respiration abdominale peut être particulièrement utile pour réduire le stress, améliorer la concentration et favoriser un sentiment de calme. Avec la pratique, elle peut devenir une réponse naturelle au stress quotidien

EXERCICE 2 : Respiration 4-7-8 :

Développée par le Dr Andrew Weil, cette technique implique d'inspirer pendant 4 secondes, de retenir sa respiration pendant 7 secondes et d'expirer pendant 8 secondes. Elle est réputée pour induire la relaxation et favoriser le sommeil.

La respiration 4-7-8 est une technique de relaxation simple mais puissante.
Voici comment vous pouvez la pratiquer :

Étape 1 : Trouvez un endroit confortable.

Asseyez-vous ou allongez-vous dans un endroit calme où vous ne serez pas dérangé. Assurez-vous que votre posture est détendue mais que votre colonne vertébrale reste droite.

Étape 2 : Concentrez-vous sur votre respiration
Fermez les yeux pour minimiser les distractions. Prenez quelques respirations naturelles pour commencer à vous détendre.

Étape 3 : Préparez-vous.

Placez le bout de votre langue juste derrière vos dents de devant supérieures (c'est important pour la technique) et gardez-la là pendant toute la durée de l'exercice.

Étape 4 : Videz vos poumons.

Commencez par expirer complètement par la bouche en faisant un son de sifflement.

Étape 5 : Inspirez par le nez.

Fermez la bouche et inspirez silencieusement par le nez en comptant mentalement jusqu'à quatre.

Étape 6 : Retenez votre respiration.

Maintenez votre respiration et comptez mentalement jusqu'à sept.

Étape 7 : Expire par la bouche.

Ouvrez la bouche et expirez complètement en faisant du bruit, en comptant mentalement jusqu'à huit.

Étape 8 : Répétez le cycle.

Répétez ce cycle au total quatre fois : inspirez par le nez en comptant jusqu'à quatre, retenez votre respiration en comptant jusqu'à sept, et expirez par la bouche en comptant jusqu'à huit.

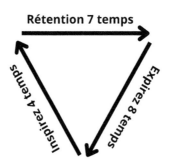

Conseils supplémentaires :

- La proportion est importante : assurez-vous de maintenir le ratio de 4:7:8 pour les différentes phases de la respiration.

- Pratiquez au moins deux fois par jour pour obtenir les meilleurs résultats.

- Essayez de pratiquer cette technique dans un endroit calme et sans interruption.

La respiration 4-7-8 peut sembler un peu difficile au début, surtout si vous n'êtes pas habitué à retenir votre respiration, mais avec la pratique, elle deviendra plus facile et plus naturelle. C'est un outil précieux pour aider à calmer l'esprit et à détendre le corps.

EXERCICE 3 : Respiration carrée ou Sama Vritti:

Cette technique consiste à inspirer, retenir, expirer et retenir à nouveau, chaque étape durant le même intervalle de temps (souvent 4 secondes).

La respiration carrée, également connue sous le nom de "box breathing" ou "respiration en carré", est une technique de respiration qui peut aider à gérer le stress et à améliorer la concentration.
Voici comment vous pouvez la pratiquer en suivant quatre étapes simples, chacune ayant la même durée :

Étape 1 : Trouvez un endroit calme.

Asseyez-vous confortablement avec le dos droit dans un endroit calme où vous ne serez pas dérangé. Vous pouvez également pratiquer cette technique en position allongée.

Étape 2 : Commencez par une expiration.

Expirez complètement par la bouche pour vider vos poumons de l'air.

Étape 3 : Inspirez.

Fermez la bouche et inspirez silencieusement par le nez en comptant mentalement jusqu'à quatre. Essayez de remplir vos poumons d'air progressivement pendant le compte.

Étape 4 : Retenez votre respiration.

Maintenez votre respiration, les poumons pleins, en comptant mentalement jusqu'à quatre.

Étape 5 : Expirez.

Expirez lentement par la bouche ou le nez, selon votre préférence, en comptant mentalement jusqu'à quatre, en vidant complètement vos poumons.

Étape 6 : Retenez votre respiration à nouveau.

Après avoir expiré, retenez votre respiration avec les poumons vides, en comptant mentalement jusqu'à quatre.

Étape 7 : Répétez le cycle.

Répétez ce cycle de respiration plusieurs fois : inspirez (comptez jusqu'à quatre), retenez (comptez jusqu'à quatre), expirez (comptez jusqu'à quatre), retenez (comptez jusqu'à quatre).

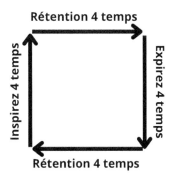

Conseils supplémentaires :

- Assurez-vous que chaque étape dure le même nombre de secondes. Quatre est un bon point de départ, mais vous pouvez ajuster la durée à mesure que vous devenez plus à l'aise avec la pratique.

- Gardez vos mouvements respiratoires fluides et réguliers pour que la pratique ressemble à un carré continu.

- Pratiquez cette technique pendant quelques minutes chaque jour pour en ressentir les bienfaits.

La respiration carrée est particulièrement utile dans les moments de stress intense ou avant des événements qui nécessitent de la concentration, comme une réunion importante ou une compétition sportive. Elle est également utilisée par les professionnels de la santé mentale pour aider les patients à gérer l'anxiété et le stress.

EXERCICE 4 : Respiration alternée des narines ou Nadi Shodhana :

La respiration Nadi Shodhana, également connue sous le nom de respiration alternée des narines, est une technique de respiration classique du yoga qui vise à équilibrer les deux hémisphères du cerveau et à créer un sentiment de calme et d'équilibre.
Voici comment vous pouvez la pratiquer :

Étape 1 : Trouvez un endroit confortable.

Asseyez-vous dans un endroit calme avec le dos droit et les épaules détendues. Vous pouvez vous asseoir sur une chaise avec les pieds à plat sur le sol ou en position de lotus si vous êtes à l'aise avec cela.

Étape 2 : Préparez votre main droite

Utilisez la main droite pour contrôler le flux d'air à travers vos narines. Pliez l'index et le majeur vers la paume de votre main, ou placez-les sur votre front. Vous utiliserez le pouce pour fermer la narine droite et l'annulaire (et éventuellement l'auriculaire) pour fermer la narine gauche.

Étape 3 : Commencez par la narine gauche.

Fermez la narine droite avec votre pouce et inspirez lentement et profondément par la narine gauche.

Étape 4 : Changez de narine.

Fermez maintenant la narine gauche avec l'annulaire et l'auriculaire, relâchez la narine droite et expirez lentement par cette narine.

Étape 5 : Inspirez par la narine droite.

Avec la narine gauche toujours fermée, inspirez par la narine droite.

Étape 6 : Changez de narine à nouveau.

Fermez la narine droite avec le pouce, ouvrez la narine gauche et expirez lentement par cette narine.

Étape 7 : Répétez le cycle.

Continuez ce cycle de respiration, en alternant les narines après chaque inhalation.

Conseils supplémentaires :

- Essayez de garder vos respirations lentes, douces et égales en longueur.

- Pratiquez Nadi Shodhana pendant 3 à 5 minutes pour commencer, puis augmentez progressivement la durée avec la pratique.

- Gardez vos yeux fermés pendant la pratique pour aider à maintenir l'intériorisation et la concentration.

Nadi Shodhana est une technique de respiration qui peut être pratiquée presque n'importe quand pour clarifier l'esprit et apaiser le corps. C'est un excellent moyen de se centrer et de réduire le stress.

EXERCICE 5 : Respiration Ujjayi :

La respiration Ujjayi, souvent appelée « respiration victorieuse » ou « respiration de l'océan », est une technique de respiration profonde qui est traditionnellement utilisée pendant la pratique du yoga, en particulier dans les séquences de Vinyasa ou Ashtanga.
Voici comment vous pouvez la pratiquer :

Étape 1 : Trouvez un endroit confortable.

Asseyez-vous ou tenez-vous debout dans une position confortable avec le dos droit. Vous pouvez également pratiquer cette respiration en position de yoga, comme la posture du guerrier ou en position assise simple.

Étape 2 : Commencez à respirer profondément.

Commencez par prendre quelques respirations profondes et naturelles par le nez pour vous détendre.

Étape 3 : Constriction de la gorge.

Lorsque vous êtes prêt, commencez à contracter légèrement l'arrière de la gorge, comme si vous essayez de bâiller ou de murmurer. Cela devrait créer un léger son de ressac ou de vague, à la fois pendant l'inspiration et l'expiration.

Étape 4 : Respirez par le nez.

Continuez à respirer profondément par le nez avec la gorge légèrement contractée. Le son de votre respiration devrait être audible pour vous-même, mais pas essentiellement pour quelqu'un d'autre.

Étape 5 : Maintenir la régularité.

Gardez vos respirations régulières et rythmées, avec des inspirations et des expirations de même durée.

Étape 6 : Concentrez-vous sur le son.

Concentrez-vous sur le son apaisant de votre respiration, ce qui peut vous aider à rester concentré et présent pendant votre pratique de yoga ou de méditation.

Étape 7 : Pratiquez régulièrement.

Continuez à pratiquer la respiration Ujjayi pendant plusieurs minutes, en suivant le rythme de votre propre respiration et en maintenant la contraction de la gorge pour créer le son caractéristique.

Conseils supplémentaires :

- La respiration Ujjayi doit être douce et apaisante pour la gorge, sans aucune sensation de tension ou de forçage.

- La pratique peut être intégrée dans les postures de yoga ou pratiquée seule comme une forme de méditation concentrée.

- Si vous avez du mal à trouver la bonne contraction de la gorge, essayez de faire le son "ha" avec la bouche ouverte, puis fermez la bouche et continuez à faire le même son, mais avec le souffle qui passe par le nez.

La respiration Ujjayi est bénéfique pour réchauffer le corps, augmenter l'oxygénation du sang, réguler la pression artérielle et renforcer la concentration. Elle est particulièrement utile pour maintenir un rythme de respiration régulier pendant l'exercice physique et pour calmer l'esprit.

EXERCICE 6 : Respiration cohérente ou cohérence cardiaque :

Cette pratique implique de respirer à un rythme de 5 cycles par minute (6 secondes d'inspiration et 6 secondes d'expiration), ce qui favorise la cohérence cardiaque.

La respiration de cohérence cardiaque est une technique simple qui consiste à adopter un rythme respiratoire spécifique pour favoriser un état de calme et d'équilibre.
Voici comment vous pouvez la pratiquer :

Étape 1 : Trouvez un endroit calme.

Asseyez-vous ou allongez-vous dans un endroit où vous ne serez pas dérangé. Assurez-vous d'être dans une position confortable, avec le dos droit si vous êtes assis.

Étape 2 : Adoptez un rythme régulier.

La cohérence cardiaque se pratique en respirant à un rythme régulier de 5 cycles respiratoires par minute, ce qui équivaut à inspirer pendant 6 secondes et expirer pendant 6 secondes.

Étape 3 : Concentrez-vous sur votre respiration.

Fermez les yeux pour minimiser les distractions et concentrez-vous sur votre respiration. Inspirez lentement et profondément par le nez, en comptant mentalement jusqu'à 6.

Étape 4 : Expirez en douceur.

Après avoir atteint le compte de 6, expirez tout aussi lentement et complètement par le nez ou la bouche, en comptant à nouveau jusqu'à 6.

Étape 5 : Continuez le cycle.

Continuez ce cycle de respiration, en maintenant le rythme de 6 secondes pour l'inspiration et 6 secondes pour l'expiration. Cela devrait vous amener à respirer à un rythme de 5 respirations par minute.

Étape 6 : Utilisez une aide si nécessaire.

Si vous avez du mal à maintenir ce rythme, vous pouvez utiliser une application, une vidéo de cohérence cardiaque ou un métronome réglé à 5 battements par minute pour vous guider.

Étape 7 : Pratiquez régulièrement.

Pratiquez cette technique pendant 5 minutes, deux fois par jour, pour en maximiser les bienfaits. Avec le temps, vous pourrez augmenter la durée de vos séances.

Conseils supplémentaires :

- Essayez de pratiquer à des moments réguliers chaque jour, comme le matin au réveil et le soir avant de dormir.

- Soyez patient et doux avec vous-même, surtout si vous êtes débutant en matière de techniques de respiration.

- Avec la pratique, vous devriez commencer à ressentir un sentiment accru de calme et une diminution du stress.

La cohérence cardiaque est une méthode efficace pour réduire le stress et l'anxiété, améliorer la concentration et renforcer la résilience émotionnelle. Elle est basée sur le principe que le cœur et le cerveau sont en communication constante et que la régulation du rythme cardiaque par la respiration peut avoir un effet positif sur l'état émotionnel et physiologique global.

EXERCICE 7 : Respiration de la pleine conscience :

Elle consiste à se concentrer pleinement sur sa respiration, en observant les sensations de l'air entrant et sortant, sans chercher à modifier le rythme naturel.
Voici comment vous pouvez la pratiquer :

Étape 1 : Trouver un endroit calme.

Choisissez un endroit tranquille où vous pouvez vous asseoir ou vous allonger sans être interrompu. Assurez-vous que votre posture est confortable mais maintenez votre dos droit si vous êtes assis.

Étape 2 : Commencez à respirer naturellement.

Fermez les yeux pour aider à réduire les distractions et à respirer de manière naturelle, sans essayer de changer ou de réguler votre respiration d'une quelconque manière.

Étape 3 : Portez attention à votre respiration.

Concentrez-vous sur les sensations de la respiration. Notez l'air frais qui entre par vos narines, le soulèvement de votre poitrine ou de votre abdomen à l'inspiration, et les sensations de l'air chaud qui s'échappe de vos narines ou de votre bouche à l'expiration.

Étape 4 : Reconnaissez les distractions.

Il est normal que votre esprit vagabonde. Lorsque vous remarquez que votre attention s'est éloignée de votre respiration, reconnaissez simplement que cela s'est produit et ramenez doucement votre attention sur votre respiration.

Étape 5 : Continuez la pratique.

Continuez à observer votre respiration, entrant et sortant, en vous concentrant sur les sensations physiques que chaque respiration apporte. Faites cela pendant plusieurs minutes.

Étape 6 : Terminez la session.

Lorsque vous êtes prêt à terminer la session, ouvrez lentement les yeux et prenez un moment pour ressentir et observer cet état de calme. Puis, reprenez progressivement vos activités habituelles.

Conseils supplémentaires :

- Pratiquez la respiration de pleine conscience pendant 5 à 10 minutes chaque jour pour commencer, et augmentez progressivement la durée à mesure que vous devenez plus à l'aise avec la pratique.

- Essayez de pratiquer à un moment où vous ne serez pas pressé par le temps, afin de pouvoir vous détendre complètement sans vous souciez de votre emploi du temps.

- Utilisez cette technique comme un moyen de vous recentrer pendant la journée, surtout si vous vous sentez stressé ou submergé.

La respiration de pleine conscience est un outil puissant pour aider à calmer l'esprit, réduire le stress et améliorer la concentration. Elle peut également servir de fondation à une pratique méditative plus approfondie.

EXERCICE 8 : Respiration Bhramari :

La respiration Bhramari, également connue sous le nom de "respiration de l'abeille", est une technique de respiration apaisante qui peut aider à calmer l'esprit et à réduire le stress. Elle est nommée ainsi en raison du son bourdonnant que vous produisez pendant la pratique, qui ressemble au bourdonnement d'une abeille.
Voici comment vous pouvez la pratiquer :

Étape 1 : Trouver un endroit calme.

Asseyez-vous confortablement dans un endroit tranquille où vous ne serez pas dérangé. Gardez le dos droit et les épaules détendues.

Étape 2 : Préparez-vous

Fermez les yeux pour minimiser les distractions externes. Avec l'index ou le pouce de vos mains, appuyez, sans forcer, sur le pavillon de vos oreilles pour les boucher afin de réaliser une caisse de résonance. Vos coudes sont levés.
Gardez bien la bouche fermée, mais sans la moindre tension. Les muscles du visage doivent être relâchés et les dents ne doivent pas se toucher.

Étape 3 : Inspirez profondément.

Prenez une profonde inspiration par le nez, en remplissant vos poumons d'air sans forcer.

Étape 4 : Expirez avec un son.

Puis, pour pouvoir produire le son de l'abeille, il va vous falloir faire vibrer vos lèvres. En expirant, faites un son de bourdonnement doux et continue. Vous devriez sentir une légère vibration dans votre tête. Gardez la bouche fermée pour que le son résonne bien dans votre crâne.

Étape 5 : Concentrez-vous sur le son.

Concentrez-vous sur le son bourdonnant et les sensations de vibration pendant que vous expirez. Cela peut aider à calmer votre esprit et à réduire les pensées distrayantes.

Étape 6 : Répétez le cycle.

Après l'expiration, inspirez à nouveau et répétez le son bourdonnant pour plusieurs cycles respiratoires. Commencez par pratiquer pendant quelques minutes et augmentez progressivement la durée avec la pratique.

Conseils supplémentaires :

- Si vous utilisez vos doigts pour fermer vos oreilles, vous pouvez placer votre index ou le pouce sur le cartilage devant vos oreilles et appuyer doucement pour fermer le canal auditif.

- Pratiquez la respiration Bhramari dans un environnement calme pour maximiser les effets apaisants du son.

- Vous pouvez également expérimenter avec la hauteur du bourdonnement pour trouver la fréquence qui vous est la plus apaisante.

La respiration Bhramari est particulièrement utile lorsque vous ressentez de l'anxiété ou de l'agitation. Elle peut être pratiquée à tout moment de la journée pour aider à apaiser l'esprit et à relâcher la tension.

EXERCICE 9 : Respiration du Lion (Simhasana Pranayama) :

Cette technique implique d'inspirer par le nez puis d'expirer fortement par la bouche tout en tirant la langue et en émettant un son ressemblant à un rugissement de lion. Cela peut aider à relâcher la tension dans le thorax et le visage.

La respiration Simhasana Pranayama, également connue sous le nom de "respiration du lion", est une technique de yoga qui aide à libérer la tension et le stress, en particulier autour de la gorge et du visage.
 Voici comment vous pouvez la pratiquer :

Étape 1 : Trouvez un endroit confortable.

Asseyez-vous sur les talons, en posant les fesses sur les talons. Si cette position est inconfortable, vous pouvez mettre un coussin entre vos jambes, vous asseoir sur une chaise ou dans une position assise croisée.

Étape 2 : Préparez vos mains.

Placez vos mains sur vos genoux avec les doigts écartés largement, comme les griffes d'un lion.

Étape 3 : Préparez votre visage.

Ouvrez grand les yeux, regardez vers le haut, vers le point entre vos sourcils ou vers le bout de votre nez.

Étape 4 : Inspirez profondément.

Prenez une profonde inspiration par le nez.

Étape 5 : Expire avec force.

Ouvrez grand la bouche, sortez la langue vers le bas, vers le menton, et expirez avec force en faisant un son "ha" venant profondément de votre gorge.

Étape 6 : Exprimez-vous.

Lorsque vous expirez, laissez sortir tout le son et toute l'énergie que vous pouvez, en imitant le rugissement d'un lion.

Étape 7 : Répétez.

Fermez la bouche et respirez normalement pendant quelques instants. Répétez la respiration du lion deux ou trois fois de plus.

Position de départ : ensuite, tirez la langue et regardez entre vos sourcils.

Conseils supplémentaires :

- Pratiquez Simhasana Pranayama dans un endroit où vous vous sentez à l'aise de faire du bruit et de l'exprimer librement.

- Cette technique peut être particulièrement libératrice si vous vous sentez inhibé ou timide.

- Après avoir terminé, prenez un moment pour ressentir les effets de la pratique sur votre corps et votre esprit.

La respiration du lion est réputée pour être bénéfique pour la gorge, les cordes vocales et les muscles du visage, elle est souvent recommandée pour ceux qui utilisent beaucoup leur voix, comme les chanteurs ou les orateurs. Elle est également censée être bonne pour soulager le stress et la colère.

EXERCICE 10 : Respiration Kapalabhati (Respiration du crâne lumineux) :

La respiration Kapalabhati, souvent appelée « respiration du crâne lumineux » ou « respiration de feu », est une technique de respiration purificatrice et énergisante issue du yoga. Elle se concentre sur des expirations actives et des inspirations passives. Elle est souvent utilisée pour revitaliser l'esprit et clarifier les pensées.
Voici comment vous pouvez la pratiquer :

Étape 1 : Trouvez un endroit confortable.

Asseyez-vous dans une position confortable avec le dos droit. Cela peut être en position de lotus, en position assise simple sur le sol, ou sur une chaise si cela est plus confortable pour vous.

Étape 2 : Commencez par une respiration normale.

Respirez normalement quelques fois pour vous détendre et préparer votre corps à la pratique.

Étape 3 : Préparez-vous pour l'exercice.

Inspirez normalement, puis préparez-vous à commencer les expirations actives.

Étape 4 : Expirez activement.

Contractez rapidement et puissamment les muscles de votre abdomen pour pousser l'air hors de vos poumons en une expiration rapide et forcée par le nez. L'inspiration suivra naturellement sans effort.

Étape 5 : Continuez le rythme.

Après chaque expiration active, laissez l'inspiration se faire d'elle-même. Continuez ce rythme en vous concentrant sur l'expulsion active de l'air.

Étape 6 : Maintenir un rythme soutenu.

Commencez avec une série de 20 à 30 expirations actives pour les débutants, puis augmentez progressivement le nombre d'expirations à mesure que vous devenez plus à l'aise avec la pratique.

Étape 7 : Terminez avec une respiration profonde.

Après avoir terminé une série, prenez une profonde inspiration, retenez votre respiration pendant quelques secondes, puis expirez lentement et complètement.

Étape 8 : Reposez-vous entre les séries.

Reposez-vous pendant un moment en respirant normalement avant de commencer une autre série de Kapalabhati si vous le souhaitez.

Expiration active :
Contractez les muscles
de l'abdomen.

Inspiration passive :
Relâchez et détendez
les muscles.

Conseils supplémentaires :

- Kapalabhati est souvent pratiqué le matin à jeun, mais assurez-vous que vous n'avez pas mangé juste avant de pratiquer.

- Il est recommandé de pratiquer Kapalabhati sous la supervision d'un instructeur de yoga expérimenté, surtout si vous êtes débutant.

- Évitez cette pratique si vous êtes enceinte, si vous avez des problèmes cardiaques, de l'hypertension ou des troubles liés au système digestif.

Kapalabhati est connu pour réchauffer le corps, oxygéner le sang, renforcer les muscles abdominaux et améliorer la concentration. Cependant, comme c'est une pratique avancée, elle doit être effectuée avec précaution et idéalement après avoir appris la technique correcte d'un professionnel.

EXERCICE 11 : Respiration à trois parties (Dirga Pranayama) :

La respiration Dirga Pranayama, souvent appelée « respiration à trois parties » ou « respiration complète », est une technique de respiration profonde qui enseigne à respirer de manière complète et consciente, en remplissant d'abord le bas-ventre, puis le thorax, et enfin la poitrine, avant de relâcher l'air en sens inverse. Voici comment vous pouvez la pratiquer :

Étape 1 : Trouvez un endroit calme.

Asseyez-vous confortablement sur une chaise avec les pieds à plat sur le sol ou, si c'est possible pour vous, en position de lotus ou demi-lotus. Vous pouvez également pratiquer allongé sur le dos. Assurez-vous que votre colonne vertébrale est droite et que vos épaules sont détendues.

Étape 2 : Commencez par une respiration normale.

Fermez les yeux et prenez quelques respirations naturelles pour vous détendre et vous centrer.

Étape 3 : Respirez dans l'abdomen.

Placez une main sur votre abdomen. Inspirez profondément par le nez et laissez votre abdomen se gonfler comme un ballon. Sentez votre main se lever avec l'abdomen.

Étape 4 : Respirez dans les côtes.

Placez l'autre main sur votre cage thoracique. Continuez à inspirer et laissez l'air remplir la partie moyenne de vos poumons, élargissant vos côtes et soulevant votre main.

Étape 5 : Respirez dans la poitrine.

Continuez à inspirer et laissez l'air remplir la partie supérieure de vos poumons. Cela permettra à votre poitrine de se soulever et à votre clavicule de monter légèrement.

Étape 6 : Expirez en sens inverse.

Commencez à expirer lentement par le nez, en vidant d'abord la poitrine, puis les côtes, et enfin l'abdomen. Sentez votre main sur l'abdomen descendre en dernier, en poussant tout l'air.

Étape 7 : Répétez le cycle.

Continuez à respirer de cette manière, en visualisant votre torse comme un récipient que vous remplissez d'air du bas vers le haut et que vous videz du haut vers le bas.

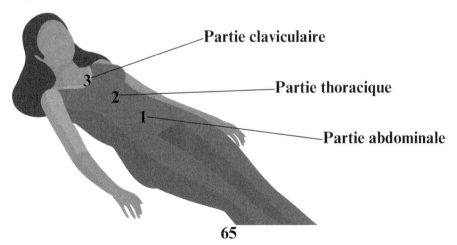

Conseils supplémentaires :

- Pratiquez Dirga Pranayama pendant 5 à 10 minutes pour commencer, en augmentant progressivement la durée à mesure que vous devenez plus à l'aise avec la technique.

- Assurez-vous que les transitions entre chaque partie de la respiration soient fluides et ininterrompues.

- Si vous avez du mal à sentir les différentes parties de vos poumons se remplir, essayez de pratiquer allongé, car cela peut rendre les sensations plus évidentes.

Dirga Pranayama est une excellente technique pour apprendre à utiliser pleinement la capacité de vos poumons, pour calmer l'esprit et pour réduire le stress. Elle peut être particulièrement bénéfique en début ou en fin de journée, ou pour se préparer à la méditation.

EXERCICE 12 : Respiration par le sourire (Sourire Intérieur) :

La respiration par le sourire, parfois appelée "sourire intérieur", est une technique de relaxation qui combine la respiration consciente avec la visualisation d'un sourire pour induire la positivité et la détente.
 Voici comment vous pouvez la pratiquer :

Étape 1 : Trouver un endroit calme.

Asseyez-vous ou allongez-vous dans un endroit où vous ne serez pas dérangé. Assurez-vous que votre posture est confortable et que votre dos est droit si vous êtes assis.

Étape 2 : Détendez votre visage.

Fermez les yeux et étendez tous les muscles de votre visage. Laissez tomber les tensions de votre front, vos joues, votre mâchoire et votre cou.

Étape 3 : Souriez doucement.

Esquissez un sourire doux et naturel sur votre visage. Il n'est pas nécessaire que ce soit un grand sourire; un léger suffit. Ressentez la sensation de détente et de bonheur que ce sourire apporte.

Étape 4 : Respirez et visualisez le sourire.

Inspirez profondément par le nez et imaginez que vous respirez dans le sourire, remplissant votre corps de sensations positives et relaxantes. Visualisez le sourire se propageant de votre visage à l'intérieur de votre corps.

Étape 5 : Expirez les tensions.

Expirez lentement par le nez ou la bouche, et imaginez que vous relâchez tout stress ou tension avec votre souffle.

Étape 6 : Répandez le sourire dans votre corps.

À chaque inspiration, visualisez le sourire se déplaçant à travers différentes parties de votre corps. Imaginez que chaque organe, chaque cellule reçoit ce sourire et la sensation de bien-être qui l'accompagne.

Étape 7 : Continuez le cycle.

Continuez à respirer profondément, en apportant le sourire à l'intérieur et en relâchant les tensions à l'extérieur, pendant plusieurs minutes.

Conseils supplémentaires :

- Vous pouvez commencer par sourire à votre cœur ou à votre ventre et ensuite laisser cette sensation se propager à d'autres parties du corps.

- Pratiquez cette technique pendant 5 à 10 minutes ou plus si vous le souhaitez.

- Après avoir terminé, prenez un moment pour ressentir les effets positifs de la pratique avant de rouvrir les yeux.

La respiration par le sourire est une méthode douce pour cultiver la joie intérieure et la relaxation. Elle peut être particulièrement utile lorsque vous vous sentez stressé ou déprimé et que vous souhaitez élever votre humeur.

EXERCICE 13 : Respiration de la vague :

La respiration de la vague est une technique de relaxation qui utilise la visualisation pour créer une sensation de mouvement ondulatoire dans le corps, imitant le va-et-vient des vagues sur une plage, ce qui peut aider à créer une sensation de fluidité et de détente dans le corps et l'esprit.
 Voici comment vous pouvez la pratiquer :

Étape 1 : Trouver un endroit calme.

Asseyez-vous ou allongez-vous dans un lieu paisible où vous ne serez pas dérangé. Assurez-vous d'être dans une position confortable.

Étape 2 : Détendez-vous.

Fermez les yeux et prenez un moment pour détendre chaque partie de votre corps, en commençant par les pieds et en remontant jusqu'à la tête.

Étape 3 : Prenez conscience de votre respiration.

Commencez à respirer naturellement, en portant attention à votre respiration sans essayer de la modifier.

Étape 4 : Visualisez la vague.

Imaginez que chaque respiration est comme une vague : l'inspiration est la vague qui monte et se gonfle, et l'expiration est la vague qui se retire doucement.

Étape 5 : Synchronisez votre respiration avec la vague.

À chaque inspiration, visualisez une vague qui monte depuis vos pieds jusqu'à la tête, remplissant votre corps d'air frais. À chaque expiration, imaginez la vague qui se retire, emportant avec elle le stress et les tensions.

Étape 6 : Approfondissez la visualisation.

Concentrez-vous sur la sensation de montée et de descente à l'intérieur de votre corps. Sentez votre abdomen et votre poitrine se soulever à l'inspiration et s'abaisser à l'expiration.

Étape 7 : Continuez le cycle.

Répétez ce cycle de respiration et de visualisation pendant plusieurs minutes, en laissant la sensation de mouvement ondulatoire vous détendre de plus en plus profondément.

Conseils supplémentaires :

- Laissez-vous aller au rythme naturel de votre respiration, ne forcez pas le mouvement.

- Si votre esprit commence à vagabonder, ramenez doucement votre attention sur la visualisation des vagues.

- Pratiquez cette technique pendant 5 à 10 minutes ou plus, selon votre confort.

La respiration de la vague est une méthode efficace pour induire la relaxation et peut être particulièrement utile pour calmer l'esprit avant de dormir ou en période de stress. Elle aide à créer un état méditatif et à réduire l'anxiété en se concentrant sur le mouvement rythmique et apaisant de la respiration.

EXERCICE 14 : Respiration psalmodie (Udgeeth Pranayama) :

La respiration Udgeeth est une forme de Pranayama (respiration yogique) qui est souvent appelée « respiration chantante » en raison de l'utilisation du son « Om » pendant la pratique. C'est une technique simple et apaisante qui peut aider à calmer l'esprit. Voici comment vous pouvez la pratiquer :

Étape 1 : Trouver un endroit calme.

Asseyez-vous dans un lieu paisible où vous ne serez pas dérangé. Adoptez une position assise confortable avec le dos droit, que ce soit sur une chaise ou sur le sol avec les jambes croisées.

Étape 2 : Détendez votre corps.

Fermez les yeux et prenez un moment pour détendre chaque partie de votre corps, en commençant par les pieds et en remontant jusqu'à la tête.

Étape 3 : Respirez normalement.

Commencez par respirer naturellement, en portant attention à votre respiration sans essayer de la modifier.

Étape 4 : Inspirez profondément.

Prenez une profonde inspiration par le nez, en remplissant vos poumons d'air.

Étape 5 : Chantez "Om".

En expirant, ouvrez la bouche et chantez le son « Om » à un volume qui est confortable pour vous. Le "O" est long, avec le "m" à la fin étant court. Concentrez-vous sur la vibration que le son crée dans votre corps.

Étape 6 : Prolongez l'expiration.

Essayez de prolonger l'expiration aussi longtemps que vous le pouvez tout en chantant "Om", ce qui peut aider à calmer votre esprit.

Étape 7 : Répétez le cycle.

Continuez ce cycle de respiration et de chant pendant plusieurs minutes. Inspirez normalement et expirez en chantant « Om ».

Conseils supplémentaires :

- Assurez-vous que votre respiration est lente, douce et profonde.

- Si vous vous sentez à l'aise, vous pouvez augmenter la durée de chaque "Om" à mesure que vous pratiquez.

- Pratiquez cette technique pendant 5 à 10 minutes ou plus, selon votre confort.

La respiration Udgeeth est souvent utilisée pour la méditation et la relaxation. Elle peut être particulièrement bénéfique en fin de journée ou avant de méditer pour aider à apaiser l'esprit et à réduire le stress.

Il existe de nombreuses autres techniques de respiration qui peuvent être utilisées pour calmer l'esprit et favoriser la paix intérieure. L'efficacité de ces exercices peut varier d'une personne à l'autre, et il peut être utile d'expérimenter différentes méthodes pour trouver celle qui convient le mieux à vos besoins personnels. Il est également recommandé de pratiquer régulièrement pour en tirer les meilleurs bénéfices.

Chaque technique de respiration a ses propres caractéristiques. Il est important de pratiquer avec attention et, si possible, sous la supervision d'un instructeur qualifié, surtout si vous êtes débutant ou si vous avez des conditions médicales particulières. La respiration consciente est un outil puissant pour la gestion du stress et l'amélioration du bien-être mental et émotionnel.

Chapitre 4: La méditation

INTRODUCTION :

Le but ultime de la méditation, dans ses multiples formes et traditions, est la quête d'une paix intérieure, d'une clarté d'esprit et d'une meilleure compréhension de soi et de l'univers qui nous entoure. Bien que les techniques et les approches varient grandement le point commun réside dans la recherche d'un état de bien-être mental et émotionnel.

L'importance d'expérimenter différentes formes de méditation réside dans le fait que chaque individu est unique, avec ses propres résonances et besoins. Ce qui fonctionne pour une personne peut ne pas être aussi efficace pour une autre. Certains peuvent trouver leur refuge dans le silence et la solitude, tandis que d'autres peuvent se sentir plus en phase avec des méditations dynamiques ou en groupe.

Trouver la pratique qui nous convient le mieux est un voyage personnel, souvent d'essai et d'erreur. Il est conseillé de s'ouvrir à différentes méthodes, de rester patient et de pratiquer avec Constance. La méditation idéale pour quelqu'un est celle qui résonne le plus profondément avec ses aspirations, son mode de vie et ses objectifs personnels. C'est dans cette diversité et cette personnalisation que la méditation révèle toute sa puissance, permettant à chacun de cultiver un espace de sérénité et de sagesse dans le tumulte du quotidien.

La méditation est une pratique ancestrale, un voyage intérieur vers la paix et la compréhension de soi. Ce chapitre est une invitation à découvrir la simplicité et la puissance de la méditation. Sans jargon complexe ni concepts abstraits, nous allons explorer ensemble comment, en quelques minutes par jour, s'asseoir en silence peut transformer votre esprit et votre vie.

Ce guide est conçu pour vous accompagner pas à pas, avec des instructions claires et des conseils pratiques.

Que vous soyez débutant ou que vous cherchiez à approfondir votre pratique, ce livre vous ouvrira les portes d'un monde de sérénité accessible à tous. Bienvenue dans l'art de la méditation, un chemin vers une vie plus calme et équilibrée.

D'UN POINT DE VUE MEDICAL, la méditation est un sujet de recherche scientifique intense, et de nombreuses études ont mis en évidence ses bienfaits potentiels pour la santé physique et mentale. Voici quelques-uns de ces avantages :

- La méditation est connue pour sa capacité à réduire le stress. Des études ont montré que la méditation de pleine conscience, en particulier, peut diminuer les niveaux de cortisol, l'hormone du stress, dans le corps.

- La pratique régulière peut augmenter la durée et la qualité de l'attention. Cela est dû à des changements dans certaines régions du cerveau associées à l'attention, comme le cortex préfrontal.

- La méditation peut également aider à réduire les symptômes d'anxiété. La pratique régulière peut mener à des réductions dans les pensées anxieuses et peut être aussi efficace que les médicaments dans certains cas.

- Certaines formes de méditation peuvent conduire à une vision plus positive de la vie. Par exemple, la méditation Metta (ou de bienveillance aimante) augmente les sentiments de compassion et de bien-être.

- Elle peut aider à lutter contre l'insomnie et améliorer la qualité du sommeil en favorisant la relaxation et en régulant les schémas de sommeil.

- La pratique régulière a été associée à une baisse de la pression artérielle, ce qui peut réduire le risque de maladie cardiaque et d'accident vasculaire cérébral.

- La méditation peut augmenter la tolérance à la douleur et réduire l'activation dans les régions du cerveau associées à la perception de la douleur.

- Elle peut avoir des effets anti-inflammatoires, notamment bénéfiques pour les conditions telles que la maladie inflammatoire de l'intestin, le psoriasis, et l'arthrite rhumatoïde.

- Certaines études suggèrent que la méditation peut avoir un effet positif sur la mémoire, en particulier chez les personnes âgées, et peut aider à ralentir la progression des maladies cognitives comme la maladie d'Alzheimer.

- La méditation peut aider les personnes qui luttent contre les dépendances en améliorant la maîtrise de soi.

Il est important de noter que, bien que la méditation soit généralement considérée comme sûre pour la plupart des gens, elle ne remplace pas les traitements médicaux conventionnels. Elle est souvent utilisée comme une pratique complémentaire pour améliorer le bien-être général et la qualité de vie. De plus, les résultats peuvent varier d'une personne à l'autre, et une pratique régulière est généralement nécessaire pour obtenir des bénéfices significatifs.

DANS LA SCIENCE YOGIQUE, la méditation est considérée comme un outil essentiel pour atteindre l'équilibre et l'harmonie entre le corps, l'esprit et l'âme. Elle n'est pas seulement une pratique pour calmer l'esprit, mais aussi un moyen d'accéder à une compréhension plus profonde de soi et de l'univers.

La méditation, ou "Dhyana", est l'un des huit membres du yoga décrit dans les Yoga Sutras de Patanjali, un texte fondamental de la philosophie yogique. Elle est présentée comme une pratique qui permet de transcender les fluctuations de l'esprit pour atteindre un état de conscience pure, où l'individu expérimente sa véritable nature, souvent décrite comme "Sat-Chit-Ananda" (Existence-Conscience-Béatitude).
Dans le contexte yogique, la méditation est vue comme un moyen de dissocier les illusions et les attachements qui provoquent la souffrance et de réaliser l'unité avec le tout. Elle est la voie vers la libération ("Moksha") de l'ignorance et des cycles de renaissance et de mort ("Samsara").
Voici quelques-uns de ces avantages :

- La méditation aide à apaiser l'esprit, réduisant le stress et l'anxiété. Elle permet de créer un espace de tranquillité intérieure où l'esprit peut se reposer et se régénérer.

- En calmant le flot incessant de pensées, elle favorise une plus grande clarté et concentration, ce qui peut améliorer la prise de décision et la résolution de problèmes.

- Bien que l'accent soit mis sur le bien-être spirituel, elle a également des effets bénéfiques sur la santé physique. Elle peut abaisser la pression artérielle, améliorer la fonction immunitaire et favoriser la relaxation profonde du corps.

- La méditation permet d'élargir la conscience au-delà des limites du soi individuel, favorisant un sentiment d'unité avec tous les êtres et avec la nature.

- Elle aide à contrôler les sens et les désirs, ce qui conduit à une vie plus disciplinée et intentionnelle.

- En méditant régulièrement, on peut développer une plus grande empathie et compassion pour les autres, car on reconnaît l'interconnexion de tous les êtres vivants.

- C'est également est un moyen d'accéder à la sagesse intérieure et à la connaissance qui résident au-delà de l'intellect.

- Elle aide à équilibrer les émotions, en offrant une perspective qui permet de voir les expériences de vie d'une manière plus détachée et sereine.

- Enfin, et peut-être le plus important, la méditation est le chemin vers l'éveil spirituel, où l'on réalise sa véritable essence comme étant non séparée de la source divine.

La méditation est donc un pilier central du yoga, offrant une voie vers une vie plus équilibrée et épanouie, tant sur le plan personnel que spirituel. Elle est la pratique qui permet de se retirer des distractions du monde extérieur pour se connecter avec la profondeur de l'expérience intérieure, révélant ainsi la nature illimitée de notre être.

EXERCICE 1 : Méditation de pleine conscience (Mindfulness) :

Cette forme de méditation implique de se concentrer sur le moment présent avec une attitude d'ouverture, de curiosité et d'acceptation. On observe ses pensées, sensations corporelles et émotions sans jugement.
Lorsque votre esprit divague, remarquez-le sans jugement et ramenez doucement votre attention sur votre respiration.
La méditation de pleine conscience est une pratique simple et puissante pour apaiser l'esprit et vivre le moment présent.
Voici comment vous pouvez la pratiquer :

Étape 1 : Trouvez un endroit calme :

Choisissez un lieu où vous ne serez pas dérangé. Cela peut être une pièce tranquille chez vous, un parc, ou même votre bureau.

Étape 2 : Adoptez une posture confortable :

Asseyez-vous sur une chaise les pieds à plat sur le sol, sur un coussin au sol les jambes croisées, ou allongez si c'est plus confort. L'important est de maintenir le dos droit mais pas tendu.

Étape 3 : Fermez les yeux :

Si cela vous aide à vous concentrer, fermez doucement les yeux. Sinon, vous pouvez aussi baisser le regard et fixer un point devant vous.

Étape 4 : Portez attention à votre respiration :

Concentrez-vous sur le mouvement naturel de votre respiration. Sentez l'air frais entrer par vos narines et l'air plus chaud sortir. Ne forcez pas votre respiration, observez-la simplement.

Étape 5 : Revenez à votre respiration quand l'esprit divague :

Il est normal que votre esprit s'égare et commence à penser à d'autres choses. Lorsque vous remarquez que cela se produit, reconnaissez-le doucement et ramenez votre attention sur votre respiration.

Étape 6 : Observez sans jugement :

Si des pensées ou des sentiments surgissent, observez-les sans jugement et sans vous y attacher. Imaginez-les comme des nuages qui passent dans le ciel, puis revenez à votre respiration.

Étape 7 : Commencez petit :

Si vous êtes débutant, commencez par de courtes séances de 5 à 10 minutes chaque jour. Avec le temps, vous pourrez augmenter progressivement la durée de vos méditations.

Étape 8 : Terminez en douceur :

Quand vous avez fini votre méditation, ne vous levez pas immédiatement. Ouvrez lentement les yeux, prenez conscience de votre environnement, étirez-vous si besoin, et reprenez progressivement vos activités.

La méditation de pleine conscience est une pratique qui se bonifie avec le temps. Plus vous pratiquez, plus vous pourrez remarquer ses effets bénéfiques sur votre esprit et votre bien-être général.

EXERCICE 2 : Méditation guidée :

Cette technique implique de formuler des images mentales apaisantes et de se concentrer sur des sons ou des voix guidant la méditation.

C'est une forme de méditation où vous êtes guidé par une voix enregistrée ou par un instructeur qui vous aide à traverser un scénario de relaxation ou de visualisation.

Voici comment vous pouvez la pratiquer :

Étape 1 : Trouvez un enregistrement ou une session :

Choisissez une méditation guidée en ligne ou sur une application de méditation. Il existe de nombreuses options gratuites disponibles sur Internet. Vous pouvez également suivre les instructions d'une personne qualifiée.

Étape 2 : Créez un environnement propice :

Trouvez un endroit calme où vous ne serez pas dérangé. Vous pouvez éteindre les lumières et allumer une bougie, assurez-vous que la température est confortable. Utilisez des écouteurs pour une meilleure immersion.

Étape 3 : Adoptez une posture confortable :

Asseyez-vous ou allongez-vous dans une position qui vous est confortable. Si vous êtes assis, gardez le dos droit mais détendu. Si vous êtes allongé, assurez-vous que votre dos est bien soutenu.

Étape 4 : Commencez la méditation :

Lancez l'enregistrement et fermez les yeux. Commencez à écouter la voix du guide et laissez-vous emporter par ses instructions.

Étape 5 : Suivez les instructions :

Le guide peut commencer par des exercices de respiration, puis vous mener à travers une série d'images mentales ou de scénarios pour induire la relaxation. Il suffit de suivre la voix et les instructions données.

Étape 6 : Laissez-vous aller :

Ne vous inquiétez pas si votre esprit divague ou si vous avez du mal à visualiser les images. C'est normal. Lorsque vous vous en rendez compte, ramenez simplement votre attention sur la voix du guide.

Étape 7 : Utilisez les pauses :

Si le guide fait des pauses, utilisez ce temps pour respirer profondément et vous détendre encore plus.

Étape 8 : Terminez en douceur :

À la fin de la méditation, le guide vous ramènera doucement à l'état de conscience normal. Prenez votre temps pour ouvrir les yeux et vous étirer si nécessaire.

La méditation guidée peut être pratiquée aussi souvent que vous le souhaitez. Certains trouvent utile de méditer une à deux fois par jour pour maintenir la clarté mentale et la relaxation.

La méditation guidée est idéale pour les débutants car elle nécessite moins d'effort pour diriger l'attention, et elle peut être particulièrement utile pour ceux qui ont du mal à calmer leur esprit ou à se concentrer pendant la méditation silencieuse.

EXERCICE 3 : Méditation Vipassana :

C'est une ancienne pratique de méditation traditionnelle bouddhiste qui enseigne l'auto-transformation à travers l'auto-observation. Elle se concentre sur la connexion profonde entre l'esprit et le corps.

La méditation Vipassana vise à voir les choses telles qu'elles sont réellement. Elle est souvent associée à la prise de conscience de la respiration et des sensations corporelles, et à l'observation de la nature impermanente de nos pensées et émotions.

Voici comment vous pouvez la pratiquer :

Étape 1 : Trouvez un endroit calme :

Asseyez-vous dans un lieu où vous ne serez pas dérangé. Cela peut être dans votre chambre, dans un coin tranquille de votre maison, ou dans la nature.

Étape 2 : Adoptez une posture assise :

Asseyez-vous sur le sol avec un coussin ou sur une chaise, en gardant le dos droit pour favoriser une respiration libre. Si vous êtes sur une chaise, gardez les pieds à plat sur le sol.

Étape 3 : Fermez les yeux :

Fermez doucement les yeux pour minimiser les distractions externes. Si vous préférez, vous pouvez aussi garder les yeux légèrement ouverts et fixer le sol devant vous.

Étape 4 : Concentrez-vous sur votre respiration :

Portez attention à votre respiration naturelle. Sentez l'air entrer et sortir de vos narines, ou suivez le mouvement de votre abdomen qui se soulève et s'abaisse à chaque respiration.

Étape 5 : Observez les sensations :

Après avoir passé un moment à vous concentrer sur votre respiration, commencez à déplacer votre attention sur les différentes parties de votre corps. Notez toutes les sensations que vous ressentez, qu'elles soient agréables, désagréables ou neutres.

Étape 6 : Essayez de ne pas réagir :

L'objectif est de simplement observer ces sensations sans y réagir. Si vous ressentez de la douleur ou de l'inconfort, notez-les mentalement sans essayer de les changer.

Étape 7 : Revenez à votre respiration :

Chaque fois que votre esprit divague, doucement, sans vous juger, ramenez votre attention sur votre respiration.

Étape 8 : Pratiquez avec patience et persévérance :

La méditation Vipassana nécessite une pratique régulière. Commencez par des séances courtes de 10 à 15 minutes et augmentez progressivement la durée à mesure que vous devenez plus à l'aise avec la technique.

Étape 9 : Terminez en douceur :

À la fin de votre méditation, prenez un moment pour être conscient de votre environnement, ouvrez doucement les yeux, et étirez-vous si nécessaire avant de vous lever.

La méditation Vipassana est souvent enseignée lors de retraites de méditation intensives, mais elle peut aussi être pratiquée de manière autonome. Il est important de se rappeler que la méditation est une pratique profonde qui peut prendre du temps à maîtriser, et la patience est essentielle.

EXERCICE 4 : Méditation Zazen (Zen) :

C'est la méditation assise pratiquée dans le bouddhisme Zen. Elle met l'accent sur la régulation de la respiration et de la posture, avec une attention particulière portée à la position du dos.
Voici comment vous pouvez la pratiquer :

Étape 1 : Trouvez un endroit calme :

Choisissez un lieu tranquille où vous ne serez pas dérangé. Un espace minimaliste peut aider à réduire les distractions.

Étape 2 : Préparez votre coussin :

Utilisez un zafu (coussin de méditation) ou un coussin ferme pour vous asseoir. Cela aide à incliner légèrement votre bassin vers l'avant et à soutenir une posture droite.

Étape 3 : Adoptez la posture :

Asseyez-vous sur le devant du coussin et croisez les jambes en position de lotus complet, demi-lotus, ou croisez-les simplement si les positions de lotus sont trop difficiles.

Étape 4 : Positionnez votre dos :

Redressez et allongez votre colonne vertébrale. Imaginez que vous êtes suspendu par le sommet de la tête. Votre menton doit être légèrement rentré.

Étape 5 : Placez vos mains :

Formez le "cosmic mudra" en plaçant votre main gauche sur votre main droite, les paumes vers le haut, avec les bouts des doigts de la main droite reposant sur les jointures de la main gauche. Les pouces se touchent légèrement, formant une sorte d'ovale.

Étape 6 : Dirigez votre regard :

Gardez les yeux ouverts pour éviter la somnolence. Fixez le sol à un angle de 45 degrés devant vous sans focaliser sur un point particulier.

Étape 7 : Commencez à méditer :

Prenez conscience de votre respiration. Respirez naturellement par le nez et suivez le souffle entrant et sortant. Certains pratiquants comptent les respirations de 1 à 10, puis recommencent.

Étape 8 : Gardez une attention douce :

Laissez les pensées et les sensations venir et partir sans les prolonger ou les repousser. Quand vous vous apercevez que votre esprit s'égare, ramenez doucement votre attention sur votre respiration.

Etape 9: Terminez la séance :

À la fin de votre méditation, bougez lentement étirez-vous avant de vous lever. Prenez un moment pour apprécier la paix de votre pratique.

La pratique régulière de la méditation Zazen peut aider à développer la concentration, la clarté d'esprit et une plus grande conscience de l'instant présent. Comme toute forme de méditation, la cohérence est la clé du succès.

Les débutants peuvent commencer par des périodes courtes de 5 à 10 minutes et augmenter progressivement jusqu'à des périodes plus longues, comme 20 à 30 minutes ou plus, selon le confort.

EXERCICE 5 : Méditation de compassion (Metta ou Loving-kindness) :

La méditation de compassion, également connue sous le nom de méditation Metta ou méditation de bienveillance aimante, est une pratique qui vise à cultiver un sentiment d'amour inconditionnel et de bienveillance envers soi-même et les autres. Voici comment vous pouvez la pratiquer :

Étape 1: Trouvez un endroit calme :

Asseyez-vous dans un lieu où vous ne serez pas dérangé. Cela peut être dans votre chambre, dans un coin tranquille de votre maison, ou dans la nature.

Étape 2: Adoptez une posture confortable :

Asseyez-vous sur une chaise ou sur le sol avec un coussin, en gardant le dos droit mais détendu. Si vous êtes sur une chaise, gardez les pieds à plat sur le sol.

Étape 3: Fermez les yeux :

Fermez doucement les yeux pour minimiser les distractions externes. Cela vous aidera à vous concentrer sur votre pratique intérieure.

Étape 4 : Concentrez-vous sur votre respiration :

Prenez quelques respirations profondes et naturelles. Sentez l'air entrer et sortir de vos poumons, et laissez votre corps se détendre.

Étape 5 : Dirigez vos pensées :

Dirigez des pensées de bienveillance et de compassion vers vous-même. Vous pouvez utiliser des phrases comme "Puisse-je être heureux", "Puisse-je être en bonne santé", "Puisse-je être en sécurité", "Puisse-je vivre avec facilité"... .

Étape 6 : Étendez votre bienveillance :

Après vous être concentré sur vous-même, commencez à étendre ces sentiments vers les autres. Commencez par quelqu'un que vous aimez, puis vers un ami, ensuite une personne neutre, après cela une personne difficile, et enfin vers tous les êtres sans distinction.

Étape 7 : Répétez les phrases de bienveillance :

Pour chaque personne, répétez mentalement les mêmes phrases de bienveillance. Visualisez chaque personne recevant votre amour et votre bienveillance.

Étape 8 : Ressentez la compassion :

Essayez de ressentir réellement la compassion et l'amour envers chaque personne. Il n'est pas nécessaire de forcer un sentiment, mais plutôt d'ouvrir votre cœur à la possibilité de ces sentiments.

Étape 9 : Terminez en douceur :

À la fin de votre méditation, prenez un moment pour sentir la chaleur et l'énergie positive que vous avez générée. Ouvrez lentement les yeux et emportez cette sensation de bienveillance avec vous dans votre journée.

La méditation de compassion est une puissante pratique qui peut aider à réduire le stress, à améliorer les relations interpersonnelles et à développer une attitude plus aimante envers soi-même et les autres. Elle peut être pratiquée quotidiennement ou aussi souvent que vous le souhaitez. Elle peut durer de quelques minutes à une demi-heure ou plus, selon votre préférence.

EXERCICE 6 : Méditation balayage corporel :

La méditation de balayage corporel, ou "body scan", est une forme de méditation qui implique de porter une attention particulière à différentes parties du corps, en le parcourant mentalement.
Voici comment vous pouvez la pratiquer :

Étape 1 : Trouvez un endroit calme :

Choisissez un lieu où vous ne serez pas dérangé. Cela peut être une pièce tranquille chez vous, dans la nature, ou tout autre endroit propice à la détente.

Étape 2 : Adoptez une position confortable :

Vous pouvez vous allonger sur le dos, vous asseoir sur une chaise ou sur un coussin de méditation. L'important est de garder le dos droit mais sans tension.

Étape 3 : Fermez les yeux :

Cela peut vous aider à réduire les distractions et à vous concentrer sur votre expérience intérieure.

Étape 4 : Respirez naturellement :

Prenez conscience de votre respiration sans essayer de la modifier. Sentez l'air entrer et sortir de vos poumons.

Étape 5 : Concentrez-vous sur vos pieds :

Commencez par porter toute votre attention sur vos pieds. Notez les sensations que vous ressentez – chaleur, froid, tension, détente, démangeaisons..., ou l'absence de sensations.

Étape 6 : Balayez mentalement votre corps :

Déplacez lentement votre attention vers le haut de votre corps – chevilles, mollets, genoux, cuisses, bassin, dos, ventre, poitrine, mains, bras, épaules, cou, et enfin tête. Passez environ une minute sur chaque partie du corps.

Étape 7 : Soyez attentif aux sensations :

Si vous remarquez des douleurs, des tensions ou des inconforts dans une partie du corps, ne jugez pas. Reconnaissez simplement la sensation et continuez votre parcours.

Étape 8 : Relâchez les tensions :

À chaque expiration, imaginez que vous relâchez les tensions accumulées dans la partie du corps sur laquelle vous vous concentrez.

Étape 9 : Ne vous jugez pas :

Si votre esprit s'égare, ce qui est tout à fait normal, remarquez simplement que votre attention a dérivé et ramenez doucement votre concentration sur la partie du corps où vous en êtes.

Étape 10 : Prenez votre temps :

Un balayage corporel complet peut durer entre 20 minutes et une heure. Adaptez la durée à votre emploi du temps et à votre niveau de confort.

Étape 11 : Terminez la séance :

Une fois que vous avez parcouru tout le corps, prenez quelques instants pour ressentir votre corps dans son ensemble et observer les effets de la méditation.

Étape 12 : Ouvrez les yeux :

Quand vous vous sentez prêt, ouvrez doucement les yeux et étirez-vous si nécessaire. Prenez un moment pour vous acclimater avant de reprendre vos activités habituelles.

La pratique régulière du balayage corporel peut aider à réduire le stress, à améliorer la conscience corporelle et à favoriser la relaxation. Il est recommandé de pratiquer cette méditation dans un environnement calme et sans interruption pour en tirer le maximum de bénéfices.

EXERCICE 7 : Méditation sur les chakras :

Cette méditation se concentre sur les sept chakras, ou centres d'énergie principaux du corps, situés le long de la colonne vertébrale pour équilibrer et harmoniser le corps et l'esprit.

Visualisez chaque chakra l'un après l'autre, commencez par le chakra racine à la base de la colonne vertébrale et montez progressivement jusqu'au chakra couronne au sommet de la tête. Visualisez le chakra sous la forme d'une sphère de lumière ou d'énergie qui les purifie et les active.

Pensez à la couleur associée à chaque chakra (rouge pour le chakra racine, orange pour le sacré, jaune pour le plexus solaire, vert pour le cœur, bleu pour la gorge, indigo pour le troisième œil et violet pour la couronne).

Vous pouvez également répéter un mantra ou une affirmation liée à chaque chakra, comme "Je suis en sécurité" pour le chakra racine, ou "Je suis aimé" pour le chakra du cœur.

Respirez dans chaque chakra et imaginez que la respiration apporte de l'énergie et de la guérison à ce centre d'énergie.

Voici comment vous pouvez la pratiquer :

Étape 1 : Trouvez un endroit calme :

Choisissez un lieu tranquille où vous ne serez pas dérangé. Assurez-vous d'être confortable et au calme.

Étape 2 : Adoptez une posture confortable :

Asseyez-vous sur le sol avec un coussin ou sur une chaise, en gardant le dos droit mais détendu. Si vous êtes sur une chaise, gardez les pieds à plat sur le sol.

Étape 3 : Fermez les yeux :

Fermez doucement les yeux pour minimiser les distractions externes et vous concentrer sur votre pratique intérieure.

Étape 4 : Respirez profondément :

Commencez par prendre quelques respirations profondes et lentes pour vous détendre et vous centrer.

Étape 5 : Concentrez-vous sur le chakra racine (Muladhara), sa couleur est le rouge :

Respirez dans ce chakra, vous pouvez visualiser cela comme une boule d'énergie à cet endroit, comme un vortex qui purifie et active ce point énergétique. Si votre esprit commence à divaguer, ramenez doucement votre attention sur le chakra.

Étape 6 : Concentrez-vous sur le chakra sacré (Svadhisthana), sa couleur est l'orange :

Répétez de la même manière, respirez dans ce chakra, vous pouvez visualiser comme une boule d'énergie à cet endroit, comme un vortex qui purifie et active ce point énergétique. Si votre esprit commence à divaguer, ramenez doucement votre attention sur le chakra.

Étape 7 : Concentrez-vous sur le chakra du plexus solaire (Manipura), sa couleur est le jaune :

Idem, respirez dans ce chakra, vous pouvez visualiser comme une boule d'énergie à cet endroit, comme un vortex qui purifie et active ce point énergétique. Si votre esprit commence à divaguer, ramenez doucement votre attention sur le chakra.

Étape 8 : Concentrez-vous sur le chakra du cœur (Anahata), sa couleur est le vert :

Idem, respirez dans ce chakra, vous pouvez le visualiser comme une boule d'énergie à cet endroit, comme un vortex qui purifie et active ce point énergétique. Si votre esprit commence à divaguer, ramenez doucement votre attention sur le chakra.

Étape 9 : Concentrez-vous sur le chakra de la gorge (Vishuddha), sa couleur est le bleu :

Idem, respirez dans ce chakra, vous pouvez visualiser comme une boule d'énergie à cet endroit, comme un vortex qui purifie et active ce point énergétique. Si votre esprit commence à divaguer, ramenez doucement votre attention sur le chakra.

Étape 10 : Concentrez-vous sur le chakra frontal, le troisième oeil (Ajna), sa couleur est indigo :

Idem, respirez dans ce chakra, vous pouvez visualiser comme une boule d'énergie à cet endroit, comme un vortex qui purifie et active ce point énergétique. Si votre esprit commence à divaguer, ramenez doucement votre attention sur le chakra.

Étape 11 : Concentrez-vous sur le chakra couronne (Sahasrara), sa couleur est le violet :

Une dernière fois, respirez dans ce chakra, vous pouvez visualiser comme une boule d'énergie à cet endroit, comme un vortex qui purifie et active ce point énergétique. Si votre esprit commence à divaguer, ramenez doucement votre attention sur le chakra.

Étape 12 : Terminez la méditation :

Une fois que vous avez parcouru tous les chakras, prenez un instant pour ressentir l'énergie harmonisée dans votre corps. Respirez profondément et lorsque vous êtes prêt, ouvrez doucement les yeux.

La méditation sur les chakras peut être pratiquée aussi souvent que vous le souhaitez. Elle peut durer de quelques minutes à une heure, selon votre préférence et votre niveau de confort. Cette pratique peut aider à équilibrer l'énergie du corps et à promouvoir un sentiment de bien-être physique et émotionnel.

EXERCICE 8 : Méditation transcendantale (MT) :

Un mantra est un mot sacré, une syllabe ou un ensemble de mots qui possède des vibrations spirituelles. Lorsqu'on le récite, il est censé avoir le pouvoir d'aider à calmer l'esprit et à se connecter à une conscience plus élevée. Les yogis utilisent les mantras comme outils de méditation pour concentrer leur attention et entrer dans un état de méditation plus profond. Le son répété du mantra peut libérer de l'énergie positive et favoriser la guérison, la paix intérieure et l'éveil spirituel.

La méditation transcendantale se pratique en répétant un mantra spécifique dans un état de repos confortable, permettant à l'esprit de s'installer dans un calme profond. La MT est une forme spécifique de méditation silencieuse qui se pratique deux fois par jour pendant 20 minutes. Elle repose sur l'utilisation d'un mantra personnel et spécifique. Pour commencer la MT, il est recommandé de recevoir ce mantra et des instructions de la part d'un enseignant qualifié.

Voici comment vous pouvez la pratiquer :

Étape 1 : Trouvez un lieu calme :

Choisissez un endroit où vous ne serez pas dérangé pendant la durée de votre méditation.

Étape 2 : Adoptez une posture confortable :

Asseyez-vous confortablement avec les pieds à plat sur le sol et les mains sur les genoux ou les cuisses. Gardez le dos droit mais détendu.

Étape 3 : Fermez les yeux :

Fermez doucement les yeux et détendez-vous pendant quelques minutes avant de commencer à utiliser votre mantra.

Étape 4 : Utilisez le mantra :

En silence, commencez à répéter le mantra que vous a donné votre instructeur. Faites-le doucement et sans effort. Le mantra est un outil pour aider votre esprit à se détourner naturellement des pensées distrayantes et à trouver un état de repos profond.

Étape 5 : Pensez au mantra de manière détendue :

Ne forcez pas ou ne vous concentrez pas trop intensément sur le mantra. Laissez-le venir et aller facilement, en permettant à votre esprit de s'installer dans un état de calme.

Étape 6 : Ne vous accrochez pas aux pensées :

Lorsque vous remarquez que votre attention s'éloigne du mantra et que des pensées surgissent, revenez doucement au mantra sans jugement.

Étape 7 : Terminez la session :

Après 20 minutes, arrêtez de répéter le mantra et restez assis les yeux fermés pendant quelques minutes supplémentaires. Utilisez ce temps pour revenir lentement à la conscience de votre environnement.

La méditation transcendantale se pratique généralement une fois le matin avant le petit déjeuner et une fois l'après-midi ou en début de soirée avant le repas.

Il est essentiel de recevoir un mantra et des instructions personnalisées d'un instructeur certifié en méditation transcendantale pour pratiquer correctement et tirer pleinement parti de cette technique.

Chacune de ces méditations a ses propres techniques et objectifs spécifiques, mais elles partagent toutes le même but : celui de calmer l'esprit et de réduire le stress. Il est souvent recommandé de commencer avec des séances courtes et d'augmenter progressivement la durée de la pratique. Il peut également être utile d'essayer différentes formes de méditation pour savoir laquelle vous convient le mieux.

Prenez du plaisir à pratiquer et profitez de ce moment privilégié avec vous-même.

Chapitre 5 : La visualisation

INTRODUCTION :

Dans le tumulte incessant de notre quotidien, où l'agitation mentale et le stress semblent régner en maîtres, la quête de sérénité et d'équilibre intérieur devient une priorité pour beaucoup d'entre nous. C'est ici que la visualisation, une pratique aussi ancienne que l'humanité elle-même, émerge comme un phare de tranquillité dans la tempête de nos pensées. Ce chapitre se propose de vous guider à travers les méandres de la visualisation, en explorant son essence, sa puissance et sa capacité à apaiser l'esprit.

La visualisation est l'art de créer des images mentales claires et détaillées, un processus où l'on peint avec la palette de l'esprit pour façonner notre réalité intérieure et, par extension, influencer notre réalité extérieure. Elle est l'acte de voir au-delà du visible, de modeler l'invisible. En se concentrant sur des images spécifiques, on peut calmer le flot incessant de pensées, réduire l'anxiété et cultiver un état de paix intérieure.

Mais comment une simple image mentale peut-elle posséder un tel pouvoir ? La réponse réside dans la connexion profonde entre l'esprit et le corps, un lien indissoluble où chaque pensée peut se manifester sous forme d'une réaction physique ou émotionnelle. En visualisant, nous activons les mêmes régions du cerveau qui sont stimulées lors de l'expérience réelle. Ainsi, en imaginant un lieu paisible, notre corps réagit comme si l'image mentale était la réalité en abaissant notre rythme cardiaque et en réduisant la production d'hormones de stress, nous plongeant dans un état de relaxation profonde.

Vous allez découvrir et apprendre à maîtriser cette technique puissante. À travers ses pages, vous apprendrez à utiliser la visualisation pour créer un sanctuaire de paix dans votre esprit, un refuge où les soucis du monde ne peuvent pas vous atteindre. Vous découvrirez des exercices pratiques, qui vous aideront à intégrer la visualisation dans votre vie quotidienne.

Laissez la visualisation transformer votre esprit, apaiser vos pensées et vous ouvrir les portes d'une existence plus sereine et maîtrisée. L'imagination est la première étape vers la réalité.

D'UN POINT DE VUE MÉDICAL, la visualisation, également connue sous le nom d'imagerie guidée ou visualisation créatrice, est une technique qui implique l'utilisation de l'imagination pour créer des images mentales détaillées et vivantes dans le but d'améliorer l'état physique ou mental. La visualisation a été étudiée pour ses nombreux bénéfices potentiels.

- Elle peut activer la réponse de relaxation du corps, qui est l'opposée de la réponse de stress (ou de lutte ou fuite). Cela peut entraîner une diminution de la fréquence cardiaque, de la pression artérielle et des niveaux de cortisol, l'hormone du stress.

- Dans le domaine du sport, la visualisation est utilisée pour améliorer la performance athlétique. Les athlètes visualisent souvent leurs compétitions, ce qui peut améliorer la coordination musculaire et mentale, comme le démontrent des études sur la neuromuscularité.

- Elle est souvent utilisée dans les programmes de réhabilitation pour aider à la récupération après une blessure ou une chirurgie. Les patients qui pratiquent la visualisation peuvent expérimenter une guérison plus rapide et une meilleure récupération.

- Certaines recherches suggèrent qu'elle peut avoir un effet positif sur le système immunitaire. Par exemple, la visualisation des cellules immunitaires combattant des infections peut effectivement augmenter l'activité immunitaire réelle.

- Des techniques de visualisation ont été utilisées pour réduire les symptômes de conditions telles que l'asthme, les allergies, et même les effets secondaires de la chimiothérapie chez les patients atteints de cancer.

- Elle peut aider à améliorer l'humeur et à réduire les symptômes de la dépression. Elle peut aussi aider à renforcer l'estime de soi et la confiance en soi en visualisant des résultats positifs et en nous voyant réussir.

- Elle peut également aider à détendre les muscles tendus, ce qui est particulièrement utile pour les conditions telles que la fibromyalgie et le syndrome de tension myofasciale.

Il est important de noter que, bien que la visualisation soit une technique puissante, elle ne remplace pas les traitements médicaux conventionnels mais peut être utilisée en complément. De plus, les effets de la visualisation peuvent varier d'une personne à l'autre, et une pratique régulière est souvent nécessaire pour obtenir des résultats significatifs.

DANS LA SCIENCE YOGIQUE, la visualisation, est une technique puissante qui utilise l'imagination pour influencer l'esprit et le corps. Elle est souvent intégrée dans la pratique du yoga pour approfondir la méditation, améliorer la concentration et faciliter la réalisation de soi. Cette technique est connue sous le terme de "Bhavana", qui signifie cultiver ou développer en sanskrit.

Elle est importante dans le yoga car elle permet de créer une expérience mentale qui peut préparer le terrain pour des changements physiques, émotionnels et spirituels. En visualisant des images positives, des scènes ou des symboles, les pratiquants peuvent orienter leur esprit vers un état de paix, d'harmonie et de connexion avec le divin.

Dans les pratiques avancées, la visualisation est utilisée pour activer et équilibrer les "chakras" (centres énergétiques du corps) ou pour évoquer des qualités spécifiques telles que la force, la compassion ou la sagesse. Elle est également employée dans la technique de "nyasa", où l'on visualise des divinités ou des mantras spécifiques placés dans différentes parties du corps pour la purification et l'élévation spirituelle.

- Elle aide à focaliser l'esprit sur une image ou une idée spécifique, ce qui améliore la concentration et prépare à des pratiques méditatives plus profondes.

- En imaginant des scènes apaisantes, le pratiquant peut induire un état de relaxation qui contribue à réduire le stress et l'anxiété.

- La visualisation peut renforcer le lien entre l'esprit et le corps, permettant une plus grande intégration de l'être.

- En visualisant des objectifs ou des états d'être désirés, les pratiquants peuvent aligner leur énergie et leur attention pour mieux manifester ces intentions dans leur vie.

- Elle peut être utilisée pour encourager la guérison émotionnelle et physique en imaginant le corps en bonne santé ou en se libérant des blocages émotionnels.

- En visualisant des qualités telles que la patience, la générosité ou le courage, on peut commencer à les cultiver activement dans la vie quotidienne.

- Elle peut servir de pont pour accéder à la sagesse et aux connaissances qui résident dans le subconscient.

- La visualisation de symboles spirituels ou de lumières peut aider à élever la conscience et à favoriser des expériences d'éveil ou d'illumination.

- En visualisant l'unité avec l'univers ou le divin, les pratiquants peuvent expérimenter un sentiment d'interconnexion et de transcendance.

La visualisation est donc un outil précieux dans la boîte à outils du yoga, offrant une voie vers la transformation et l'enrichissement de l'expérience humaine. Elle permet de transcender les limites du mental rationnel et d'entrer dans un espace où l'intention pure et l'imagination créative peuvent conduire à une réalisation profonde et à une paix intérieure durable.

Comprendre la différence entre la visualisation et la méditation :

La méditation et la visualisation sont deux pratiques qui impliquent l'utilisation de l'esprit pour influencer le bien-être physique et mental, mais elles diffèrent par leurs objectifs, techniques et effets.

- La méditation est une pratique ancienne qui peut prendre de nombreuses formes, elle a pour objectif de développer la conscience de soi, la tranquillité d'esprit et un état de calme intérieur. Elle implique souvent de se concentrer sur la respiration, de répéter un mantra ou de prêter attention aux sensations corporelles pour aider à calmer l'esprit et réduire le stress. La méditation vise à observer les pensées et les émotions sans jugement et à les laisser passer comme des nuages dans le ciel, ce qui peut conduire à une plus grande clarté mentale et à une meilleure régulation émotionnelle.

- La visualisation, en revanche, est une technique qui implique de créer activement des images mentales ou des scénarios dans l'esprit. L'objectif est souvent de se préparer mentalement à une performance future, de renforcer la confiance en soi, de promouvoir la guérison ou d'atteindre des objectifs spécifiques. Par exemple, un athlète peut visualiser avec succès une compétition pour améliorer sa performance, ou une personne peut visualiser un résultat souhaité pour aider à le manifester dans sa vie. La visualisation est donc plus directive et orientée vers un but précis.

En résumé, bien que la méditation et la visualisation soient toutes deux centrées sur l'utilisation de l'esprit pour améliorer le bien-être, elles diffèrent par leurs méthodes et leurs intentions. La méditation est une pratique introspective visant à cultiver la paix intérieure, tandis que la visualisation est une technique plus active utilisée pour concrétiser des objectifs ou des résultats spécifiques.

EXERCICE 1 : Visualisation de la Nature :

La visualisation de la nature est une technique de relaxation qui consiste à imaginer un lieu naturel paisible et à s'y immerger mentalement. Engagez tous vos sens : écoutez le bruit des vagues ou du vent dans les arbres, sentez l'air frais, sentez le sol sous vos pieds...
Voici comment vous pouvez la pratiquer :

Étape 1: Trouvez un endroit calme :

Asseyez-vous ou allongez-vous dans un lieu où vous ne serez pas dérangé. Assurez-vous d'être confortable et au calme.

Étape 2: Fermez les yeux :

Fermez doucement les yeux pour aider à concentrer votre esprit sur votre visualisation plutôt que sur votre environnement immédiat.

Étape 3: Respirez profondément :

Commencez par prendre quelques respirations profondes et lentes. Inspirez par le nez et expirez par la bouche. Laissez chaque expiration vous détendre un peu plus.

Étape 4: Choisissez votre lieu naturel :

Pensez à un lieu dans la nature qui vous apporte la paix. Cela peut être une plage, une forêt, un lac tranquille, ou tout autre endroit que vous trouvez relaxant.

Étape 5 : Visualisez les détails :

Commencez à construire l'image de ce lieu dans votre esprit. Imaginez les couleurs, les formes, les textures. Par exemple, si vous choisissez une plage, visualisez le sable doré, l'eau bleue claire, le ciel dégagé.

Étape 6 : Engagez tous vos sens :

- Vue : Visualisez les détails visuels de votre environnement. Les arbres, l'eau, les plantes, les animaux.

- Ouïe : Imaginez les sons que vous pourriez entendre dans cet endroit. Le chant des oiseaux, le bruissement des feuilles, le clapotis de l'eau.

- Toucher : Ressentez la température de l'air, la brise sur votre peau, la texture du sol sous vos pieds.

- Odeur : Pensez aux odeurs de la nature. L'odeur de l'herbe fraîche, des fleurs sauvages, de l'air marin.

- Goût : Si pertinent, imaginez le goût de l'air frais ou de l'eau pure de la nature.

Étape 7 : Restez dans le moment :

Si votre esprit commence à divaguer, ramenez doucement votre attention sur les images et les sensations de votre lieu naturel.

Étape 8 : Profitez de l'expérience :

Passez plusieurs minutes à profiter de la sensation de paix et de tranquillité. Laissez ce sentiment vous envahir complètement.

Étape 9 : Revenez lentement :

Quand vous êtes prêt à terminer votre visualisation, prenez quelques respirations profondes et commencez à prendre conscience de votre environnement immédiat. Bougez doucement vos doigts et vos orteils, étirez-vous si nécessaire, et ouvrez lentement les yeux.

La visualisation de la nature peut être un moyen efficace de se détendre et de se ressourcer, surtout si vous n'avez pas la possibilité de vous rendre dans un lieu naturel en personne. Pratiquée régulièrement, elle peut aider à réduire le stress et à améliorer votre bien-être général.

Exercice 2 : Visualisation de la Lumière :

La visualisation de la lumière est une technique qui consiste à imaginer une lumière bienveillante et apaisante qui pénètre et purifie le corps et l'esprit. À chaque inspiration, la lumière se propage dans tout votre corps, apportant de l'énergie positive et, à chaque expiration, elle emporte le stress et les tensions.
Voici comment vous pouvez la pratiquer :

Étape 1: Trouvez un endroit calme :

Asseyez-vous ou allongez-vous dans un lieu où vous ne serez pas dérangé. Assurez-vous que vous êtes dans une position confortable.

Étape 2: Fermez les yeux :

Fermez doucement les yeux pour aider à concentrer votre attention vers l'intérieur.

Étape 3: Respirez profondément :

Commencez par prendre de profondes respirations, en inspirant par le nez et en expirant par la bouche. À chaque expiration, sentez-vous devenir plus détendu.

Étape 4: Imaginez une lumière au-dessus de vous :

Visualisez une lumière douce et scintillante juste au-dessus de votre tête. Cette lumière peut être de n'importe quelle couleur qui vous évoque la paix et la guérison.

Étape 5: Laissez la lumière vous envelopper :

Imaginez que cette lumière commence à descendre lentement sur vous, enveloppant votre corps tout entier. Sentez sa chaleur et son énergie bienveillante.

Étape 6: Respirez la lumière :

À chaque inspiration, imaginez que vous respirez cette lumière dans votre corps. Voyez-la se propager à chaque partie de votre être, de la tête aux pieds.

Étape 7: Purifiez votre corps et esprit :

Visualisez la lumière en train de dissoudre toute tension, stress ou négativité. À chaque expiration, imaginez que vous libérez ces énergies négatives, qui sont remplacées par la lumière.

Étape 8: Restez concentré :

Si des pensées ou des distractions surviennent, reconnaissez-les simplement et laissez-les partir, en ramenant votre attention sur la lumière.

Étape 9: Terminez la visualisation :

Après plusieurs minutes, ou lorsque vous vous sentez prêt, commencez à revenir à votre conscience normale. Prenez conscience de votre corps et de l'espace autour de vous.

Étape 10: Revenez doucement :

Remuez doucement vos doigts et vos orteils, étirez-vous si vous en ressentez le besoin, et ouvrez lentement les yeux.

La visualisation de la lumière peut être particulièrement réconfortante et revitalisante. Elle est souvent utilisée pour favoriser la guérison, réduire le stress et améliorer l'état émotionnel général.

Exercice 3 : Visualisation Guidée :

La visualisation guidée est une technique de relaxation qui implique d'écouter un enregistrement audio ou une personne qui vous guide à travers une série d'images mentales apaisantes. Écoutez attentivement et suivez les instructions, en vous laissant emporter par l'histoire et les images décrites.
Voici comment vous pouvez la pratiquer :

Étape 1 : Trouvez une visualisation guidée :

Choisissez un enregistrement de visualisation guidée qui vous plaît. Il existe de nombreuses ressources en ligne, applications, vidéos YouTube, en passant par les podcasts.

Étape 2 : Créez un environnement propice :

Trouvez un endroit calme où vous ne serez pas dérangé. Assurez-vous d'être confortable, que ce soit assis ou allongé.

Étape 3 : Utilisez des écouteurs si possible :

Pour une expérience plus immersive, utilisez un casque audio ou des écouteurs pour profiter au mieux de l'enregistrement.

Étape 4 : Fermez les yeux :

Fermez les yeux pour aider à éliminer les distractions et à vous concentrer sur l'expérience de visualisation.

Étape 5: Respirez calmement :

Commencez par prendre quelques respirations profondes et lentes pour vous détendre. Inspirez par le nez et expirez par la bouche.

Étape 6: Écoutez et suivez les instructions :

Appuyez sur lecture et écoutez attentivement les instructions du guide. Laissez la voix vous mener à travers les images et les scénarios proposés.

Étape 7: Engagez vos sens :

Essayez d'engager tous vos sens dans la visualisation. Si le guide décrit une forêt, par exemple, imaginez les sons des oiseaux, l'odeur de la terre humide, la sensation de l'air frais sur votre peau.

Étape 8: Laissez-vous aller :

Permettez-vous de vous immerger complètement dans l'expérience. Si votre esprit commence à divaguer, ramenez doucement votre attention sur la voix du guide.

Étape 9: Revenez lentement :

À la fin de l'enregistrement, ne vous levez pas immédiatement. Prenez un moment pour revenir à la réalité, en prenant conscience de votre corps et de votre respiration.

Étape 10 : Ouvrez les yeux lorsque vous êtes prêt :

Lorsque vous vous sentez prêt, ouvrez doucement les yeux. Étirez-vous si nécessaire et reprenez vos activités à votre propre rythme.

La visualisation guidée peut être un outil puissant pour réduire le stress et l'anxiété, améliorer l'humeur et favoriser un sentiment de paix intérieure. Elle peut être pratiquée aussi souvent que nécessaire pour maintenir le bien-être mental et émotionnel.

EXERCICE 4 : Visualisation d'un objet :

La visualisation d'un objet est une technique de concentration où vous focalisez toute votre attention sur un objet spécifique. Visualisez cet objet dans votre esprit avec autant de détails que possible, en maintenant votre attention focalisée et en écartant les distractions.
Voici comment vous pouvez la pratiquer :

Étape 1 : Choisissez un objet :

Sélectionnez un objet petit et simple, comme une pierre, une fleur, une bougie allumée, ou même une image d'un objet que vous aimez.

Étape 2 : Trouvez un endroit calme :

Asseyez-vous ou allongez-vous dans un lieu où vous ne serez pas dérangé. Assurez-vous d'être confortable et au calme.

Étape 3 : Placez l'objet devant vous :

Si vous êtes assis, placez l'objet à un niveau où vous pouvez le regarder confortablement sans trop incliner la tête.

Étape 4 : Regardez l'objet :

Ouvrez les yeux et regardez l'objet que vous avez choisi. Laissez votre regard se poser doucement dessus sans forcer ou fixer intensément.

Étape 5 : Étudiez les détails :

Observez les couleurs, les formes, les ombres et les textures de l'objet. Remarquez les aspects de l'objet que vous n'aviez jamais vus auparavant.

Étape 6 : Fermez les yeux :

Après avoir observé l'objet pendant quelques minutes, fermez les yeux et essayez de visualiser l'objet dans votre esprit avec autant de détails que possible.

Étape 7 : Maintenez la visualisation :

Gardez l'image de l'objet dans votre esprit. Si l'image commence à s'estomper ou si votre esprit divague, ouvrez les yeux, regardez à nouveau l'objet, puis fermez les yeux et continuez la visualisation.

Étape 8 : Respirez calmement :

Continuez à respirer de manière détendue et naturelle tout au long de l'exercice, en laissant votre respiration vous aider à rester centré et calme.

Étape 9 : Terminez la session :

Après avoir passé un certain temps à visualiser l'objet, laissez l'image s'estomper et prenez conscience de votre corps et de votre respiration.

Étape 10 : Ouvrez les yeux :

Lorsque vous êtes prêt, ouvrez doucement les yeux. Prenez un moment pour vous étirer et vous acclimater à votre environnement avant de vous lever.

La visualisation d'un objet peut aider à améliorer la concentration et la clarté mentale. C'est également un bon exercice pour calmer l'esprit et réduire le stress.

EXERCICE 5 : Visualisation de couleurs :

La visualisation de couleurs est une technique qui utilise les couleurs comme moyen de relaxation et de guérison. Imaginez une couleur apaisante, comme le bleu ou le vert, qui se répand dans tout votre corps ou dans un espace autour de vous, créant une sensation de sérénité.
Voici comment vous pouvez la pratiquer :

Étape 1 : Trouvez un endroit calme :

Asseyez-vous ou allongez-vous dans un lieu où vous ne serez pas dérangé. Assurez-vous d'être confortable et au calme.

Étape 2 : Fermez les yeux :

Fermez doucement les yeux pour aider à concentrer votre attention vers l'intérieur.

Étape 3 : Respirez profondément :

Commencez par prendre de profondes respirations, en inspirant par le nez et en expirant par la bouche. À chaque expiration, sentez-vous devenir plus détendu.

Étape 4 : Choisissez une couleur :

Pensez à une couleur qui vous évoque des sentiments de calme, de bonheur, de sécurité ou toute autre émotion positive. Cela peut être une couleur que vous trouvez particulièrement belle ou apaisante.

Étape 5: Visualisez la couleur :

Imaginez que cette couleur vous entoure ou émane de votre corps. Visualisez-la comme une lumière ou un brouillard coloré qui vous enveloppe complètement.

Étape 6: Respirez la couleur :

À chaque inspiration, imaginez que vous respirez cette couleur dans votre corps. Voyez-la se propager à chaque partie de votre être, apportant avec elle des qualités positives et apaisantes.

Étape 7: Remplissez-vous de la couleur :

Visualisez la couleur qui remplit chaque cellule de votre corps, vous apportant une profonde relaxation et guérison. Imaginez que cette couleur a le pouvoir de dissocier et éliminer toute tension ou négativité.

Étape 8: Restez concentré :

Si des pensées ou des distractions surviennent, reconnaissez-les simplement et laissez-les partir, en ramenant votre attention sur la couleur.

Étape 9: Terminez la visualisation :

Après plusieurs minutes, ou lorsque vous vous sentez prêt, commencez à revenir à votre conscience normale. Prenez conscience de votre corps et de l'espace autour de vous.

Étape 10: Revenez doucement :

Remuez doucement vos doigts et vos orteils, étirez-vous si vous en ressentez le besoin, et ouvrez lentement les yeux.

La visualisation de couleurs peut être un moyen efficace de se détendre et de se ressourcer, surtout si vous associez certaines couleurs à des états d'esprit spécifiques. Pratiquée régulièrement, elle peut aider à réduire le stress et à améliorer votre bien-être général.

EXERCICE 6 : Visualisation de l'Espace :

La visualisation de l'espace est une technique qui consiste à imaginer que vous êtes dans un vaste espace ouvert, comme le ciel ou l'espace cosmique. Sentez la légèreté et la liberté de l'apesanteur, et laissez les étoiles ou les nuages vous apporter une sensation de calme.
Voici comment vous pouvez la pratiquer :

Étape 1 : Trouvez un endroit tranquille :

Choisissez un lieu où vous pouvez vous détendre sans être interrompu, où vous pouvez vous asseoir ou vous allonger tranquillement.

Étape 2 : Fermez les yeux :

Fermez doucement les yeux pour réduire les distractions et vous concentrer sur votre visualisation.

Étape 3 : Respirez calmement :

Prenez de profondes respirations, en inspirant par le nez et en expirant par la bouche. Laissez chaque respiration vous détendre davantage.

Étape 4 : Imaginez l'espace :

Visualisez-vous flottant dans l'espace ouvert. Cela peut être l'espace cosmique, le ciel bleu, sous l'eau, ou tout autre environnement spacieux qui vous inspire la paix.

Étape 5 : Explorez l'immensité :

Ressentez la vaste étendue de l'espace autour de vous. Imaginez que vous pouvez bouger librement dans toutes les directions sans limite ni contrainte.

Étape 6 : Engagez vos sens :

Si vous êtes dans l'espace, vous pourriez imaginer voir des étoiles scintillantes ou des planètes lointaines. Si vous visualisez le ciel, vous pourriez sentir le vent doux et voir le ciel s'étendre à l'infini.

Étape 7 : Ressentez la liberté :

Profitez de la sensation de liberté totale et de l'absence de frontières. Laissez tous vos soucis et stress se dissiper dans l'immensité de l'espace.

Étape 8 : Restez centré :

Si votre esprit commence à divaguer, ramenez doucement votre attention sur l'image de l'espace et la sensation de liberté.

Étape 9 : Terminez la visualisation :

Lorsque vous êtes prêt à terminer, commencez à reprendre conscience de votre corps. Ressentez la surface sur laquelle vous êtes assis ou allongé.

Étape 10 : Revenez à la réalité :

Ouvrez lentement les yeux, étirez-vous si nécessaire, et reprenez contact avec votre environnement à votre propre rythme.

La visualisation de l'espace peut être particulièrement bénéfique pour se sentir moins confiné par les problèmes quotidiens. Elle peut aider à réduire le stress et à procurer un sentiment de calme et de clarté.

EXERCICE 7 : Visualisation d'un Flux d'Énergie :

La visualisation d'un flux d'énergie est une technique qui consiste à imaginer une énergie positive circulant à travers votre corps. Imaginez cette énergie sous la forme d'une eau claire ou d'une lumière qui parcourt votre corps, éliminant les blocages et les tensions.
Voici comment vous pouvez la pratiquer :

Étape 1 : Trouvez un endroit calme :

Asseyez-vous ou allongez-vous dans un lieu où vous ne serez pas dérangé. Assurez-vous d'être à l'aise.

Étape 2 : Fermez les yeux :

Fermez doucement les yeux pour aider à concentrer votre attention vers l'intérieur.

Étape 3 : Respirez profondément :

Commencez par prendre de profondes respirations, en inspirant par le nez et en expirant par la bouche. À chaque expiration, sentez-vous devenir plus détendu.

Étape 4 : Visualisez l'énergie :

Imaginez une source d'énergie, comme une lumière ou une chaleur, à la base de votre colonne vertébrale ou dans une autre partie de votre corps.

Étape 5 : Laissez l'énergie circuler :

Visualisez cette énergie qui commence à se déplacer à travers votre corps. Elle peut monter et descendre le long de votre colonne vertébrale, se répandre dans vos membres, ou circuler dans des zones spécifiques qui ont besoin de guérison.

Étape 6 : Utilisez votre respiration :

À chaque inspiration, imaginez que vous attirez plus d'énergie positive dans votre corps. À chaque expiration, imaginez que l'énergie circule plus librement, nettoyant et guérissant au passage.

Étape 7 : Concentrez-vous sur les sensations :

Soyez attentif à toutes les sensations que vous ressentez pendant la visualisation, comme la chaleur, le picotement, ou la légèreté.

Étape 8 : Éliminez les blocages :

Si vous ressentez des zones de tension ou de blocage, imaginez l'énergie qui les traverse et les dissout, laissant ces zones détendues et revitalisées.

Étape 9 : Terminez la visualisation :

Après avoir passé un certain temps à visualiser le flux d'énergie, laissez l'image s'estomper et reprenez conscience de votre corps et de votre respiration.

Étape 10 : Revenez doucement :

Remuez doucement vos doigts et vos orteils, étirez-vous si vous en ressentez le besoin, et ouvrez lentement les yeux.

La visualisation d'un flux d'énergie peut aider à favoriser la relaxation, réduire le stress et améliorer le bien-être général en favorisant un sentiment d'équilibre et d'harmonie dans le corps.

EXERCICE 8 : Visualisation d'un Sanctuaire Intérieur :

La visualisation d'un sanctuaire intérieur est une technique qui consiste à créer un lieu de paix et de sécurité dans votre esprit. Ce peut être un jardin, une pièce, ou un temple imaginaire. Peuplez-le d'objets, de sensations et de présences qui vous apportent du réconfort.
Voici comment vous pouvez la pratiquer :

Étape 1: Trouvez un endroit calme :

Asseyez-vous ou allongez-vous dans un lieu où vous ne serez pas dérangé. Assurez-vous d'être confortable et au calme.

Étape 2: Fermez les yeux :

Fermez doucement les yeux pour aider à concentrer votre attention vers l'intérieur.

Étape 3: Respirez profondément :

Commencez par prendre de profondes respirations, en inspirant par le nez et en expirant par la bouche. À chaque expiration, sentez-vous devenir plus détendu.

Étape 4: Imaginez votre sanctuaire :

Pensez à un lieu qui vous inspire un sentiment de paix et de sécurité. Cela peut être un jardin, une plage, une forêt, un temple, une pièce confortable, ou tout autre lieu que vous aimez.

Étape 5 : Construisez les détails :

Visualisez les détails de votre sanctuaire. Quelles sont les couleurs, les sons, les odeurs ? Y a-t-il de l'eau, des arbres, des animaux, ou des objets particuliers ? Créez un espace qui est riche en détails et qui vous apporte un sentiment de bien-être.

Étape 6 : Engagez vos sens :

Intégrez tous vos sens dans la visualisation. Sentez la brise sur votre peau, écoutez les sons environnants, touchez les objets, et ressentez la température et les textures.

Étape 7 : Explorez votre sanctuaire :

Promenez-vous dans votre sanctuaire intérieur. Découvrez de nouveaux chemins ou recoins. Prenez votre temps pour explorer et apprécier chaque aspect de cet espace.

Étape 8 : Trouvez un endroit pour vous reposer :

Choisissez un endroit dans votre sanctuaire où vous pouvez vous asseoir ou vous allonger. Ressentez la sécurité et la paix de cet endroit.

Étape 9 : Profitez de la tranquillité :

Restez dans votre sanctuaire aussi longtemps que vous le souhaitez. Profitez de cette pause loin du monde extérieur pour vous ressourcer.

Étape 10 : Revenez doucement :

Lorsque vous êtes prêt à quitter votre sanctuaire, prenez quelques respirations profondes. Ramenez lentement votre conscience à votre corps et à l'environnement autour de vous.

Étape 11 : Ouvrez les yeux :

Lorsque vous vous sentez prêt, ouvrez doucement les yeux. Prenez un moment pour vous étirer et vous acclimater à votre environnement avant de vous lever.

La visualisation d'un sanctuaire intérieur peut être un outil puissant pour réduire le stress, trouver du réconfort et améliorer la clarté mentale. Elle peut être pratiquée aussi souvent que nécessaire pour maintenir le bien-être mental et émotionnel.

Chaque type de visualisation peut être adapté à vos préférences personnelles. La clé est de pratiquer régulièrement et de trouver la méthode qui résonne le mieux avec vous pour une relaxation profonde et un apaisement du mental.

Partie 3: Une hygiène de vie saine

Chapitre 6: Activité physique

INTRODUCTION :

Dans la quête incessante du bien-être, l'activité physique apparaît comme un pilier incontournable, un remède ancestral à bien des maux modernes.

L'activité physique n'est pas seulement une question de santé corporelle ; elle est directement liée à la santé mentale. Chaque foulée, chaque levée de poids, chaque posture de yoga est un dialogue entre le corps et l'esprit. Bouger n'est pas simplement une fonction vitale, mais une nécessité pour maintenir un esprit clair et une âme en paix.

Il existe une grande variété d'activités physiques qui peuvent aider à apaiser l'esprit. Chacun est différent, donc il est important de trouver l'activité qui vous convient le mieux. L'activité physique n'est pas seulement bonne pour le corps, mais aussi pour l'esprit, et trouver celle qui vous correspond est la clé pour profiter de ses bienfaits.

Dans un monde où le stress semble être le prix à payer pour le progrès, l'activité physique se présente comme un contrepoids vital. Elle est l'antidote naturel à l'accélération de nos vies, un moyen de reconquérir notre tranquillité d'esprit.

D'UN POINT DE VUE MEDICAL, l'importance de l'activité physique, est extrêmement vaste et profondément documentée. Les bienfaits de l'exercice régulier sur la santé sont multiples et touchent à tous les aspects de notre bien-être.

- L'exercice physique régulier est reconnu pour son rôle crucial dans la prévention de nombreuses maladies chroniques. Il réduit significativement le risque de développer des maladies cardiovasculaires, en améliorant la circulation sanguine et en abaissant la tension artérielle. De plus, il est efficace dans la prévention et la gestion du diabète de type 2, car il aide à réguler les niveaux de glucose dans le sang.

- L'activité physique contribue à la gestion du poids en brûlant des calories et en augmentant le métabolisme. Cela aide non seulement à la perte de poids mais également au maintien de ce dernier, ce qui est essentiel pour éviter l'obésité et les problèmes de santé qui y sont associés.

- L'exercice renforce les muscles, les os et les articulations, contribuant ainsi à une meilleure mobilité et à une réduction du risque de blessures. Il est également un facteur clé dans la prévention et le traitement de l'ostéoporose, car il favorise la densité osseuse.

- Sur le plan psychologique, l'activité physique est un puissant antidépresseur naturel. Elle stimule la libération d'endorphines, qui procurent une sensation de bien-être et affaiblissent la perception de la douleur. L'exercice est également associé à une diminution des symptômes de la dépression et de l'anxiété.

- Des études ont montré que l'exercice améliore les fonctions cognitives, ralentit le déclin cognitif lié à l'âge et pourrait réduire le risque de développement de maladies neurodégénératives comme la maladie d'Alzheimer.

- L'exercice peut contribuer à une meilleure qualité de sommeil. Il aide à réguler les rythmes circadiens, favorise le sommeil profond et peut aider à combattre l'insomnie.

- Une activité physique régulière est associée à une augmentation de l'espérance de vie. Elle contribue à la santé globale et aide à maintenir l'autonomie chez les personnes âgées.

- L'exercice peut renforcer le système immunitaire en améliorant la circulation des cellules immunitaires dans le corps, ce qui peut aider à détecter et à combattre les infections plus rapidement.

- L'activité physique favorise le transit intestinal et peut aider à prévenir la constipation. Elle est également associée à un risque réduit de développer un cancer du côlon.

- Enfin, l'exercice physique peut aussi avoir des effets positifs sur le bien-être social et émotionnel, en offrant des occasions de socialisation et en augmentant l'estime de soi.

L'activité physique est un élément essentiel d'un mode de vie sain. Elle joue un rôle préventif et curatif dans de nombreux domaines de la santé et est une composante non négligeable d'une stratégie globale pour maintenir et améliorer la qualité de vie.

DANS LA SCIENCE YOGIQUE, l'activité physique, en particulier celle pratiquée dans le yoga, est considérée comme essentielle pour l'harmonisation et l'intégration du corps, de l'esprit et de l'âme. Le yoga, qui signifie « union » en sanskrit, vise à unir ces différentes dimensions de l'être humain à travers une série de postures (asanas), de techniques de respiration (pranayama) et de méditation.

- Selon la science yogique, l'activité physique à travers les asanas (postures) aide à équilibrer les énergies du corps, connues sous le nom de prana. Ce prana est vital pour maintenir la santé et la vitalité. Les postures de yoga sont conçues pour ouvrir les canaux énergétiques du corps, les nadis, et pour équilibrer les centres énergétiques, les chakras, favorisant ainsi une circulation fluide de l'énergie vitale.

- Les asanas sont également vues comme des outils de purification. Elles éliminent les toxines physiques et énergétiques, améliorent la digestion et stimulent les organes internes. En outre, le yoga met l'accent sur la détente profonde, qui est essentielle pour réduire le stress et l'anxiété. La relaxation consciencieuse pratiquée dans le yoga, souvent en fin de séance avec le Savasana (posture du cadavre), permet une intégration profonde des bénéfices de la pratique.

- La science yogique enseigne que la conscience corporelle développée pendant la pratique des asanas améliore la présence et la pleine conscience. Cette conscience accumulée peut conduire à une meilleure compréhension de soi et à une plus grande maîtrise de ses pensées et émotions.

- Sur le plan physique, les asanas améliorent la flexibilité, la force et l'équilibre. Ces qualités physiques sont essentielles non seulement pour la santé du corps mais aussi pour le développement de la discipline et de la concentration mentale, des aspects clés de la pratique yogique.

- Le yoga considère le corps comme le temple de l'esprit. Ainsi, maintenir le corps en bonne santé est vu comme un moyen de cultiver un esprit plus serein et plus clair. La pratique physique du yoga est souvent le point d'entrée vers les aspects plus subtils de la méditation et de la croissance spirituelle.

- Il associe également la pratique régulière du yoga à une longévité accrue et à une vitalité améliorée. Les techniques de respiration, en particulier, sont réputées pour augmenter la capacité pulmonaire, améliorer l'oxygénation du sang et soutenir la fonction immunitaire.

- Enfin, le yoga est une approche holistique qui reconnaît l'interconnexion entre les aspects physiques, mentaux, émotionnels et spirituels de l'individu. L'activité physique dans le yoga est donc un moyen d'intégrer et d'harmoniser tous ces aspects, conduisant à un sentiment d'unité et de paix intérieure.

- En somme, du point de vue de la science yogique, l'activité physique est bien plus qu'un simple exercice : c'est une pratique intégrative qui nourrit et équilibre l'ensemble de l'être, conduisant à une santé optimale, à la clarté mentale et à l'éveil spirituel.

La marche est une activité bénéfique pour l'esprit :

Lorsque vous marchez, votre corps produit des endorphines, des substances chimiques dans le cerveau qui agissent comme des antidouleurs naturels. Ces endorphines peuvent améliorer votre humeur et vous faire sentir plus détendu.

- Marcher vous permet de vous éloigner des situations stressantes ou des pensées négatives. En vous concentrant sur votre environnement ou sur le rythme de vos pas, vous pouvez vous éloigner des soucis quotidiens.

- Des études ont montré que la marche peut stimuler la créativité. Lorsque votre esprit est libre de vagabonder pendant une promenade, vous pouvez trouver de nouvelles perspectives et solutions à des problèmes qui vous semblaient difficiles à résoudre auparavant.

- L'exercice régulier, comme la marche, peut vous aider à mieux dormir. Un bon sommeil est crucial pour un esprit reposé et apaisé.

- Si vous marchez à l'extérieur, le contact avec la nature peut être très énergisant et apaisant pour l'esprit. Les sons des oiseaux, la vue des arbres et la sensation de l'air frais peuvent tous contribuer à un sentiment de paix intérieure.

- La marche peut être une forme de méditation en mouvement. En vous concentrant sur votre respiration ou sur le mouvement de votre corps, vous pouvez atteindre un état méditatif qui calme l'esprit.

- Se déplacer physiquement peut aussi aider à prendre du recul par rapport aux problèmes et à voir les choses sous un autre angle. Cela peut conduire à une meilleure gestion émotionnelle et à une réduction de l'anxiété.

En résumé, la marche est une activité simple et accessible qui peut jouer un rôle important dans la gestion du stress et la promotion d'un état mental apaisé.

Le yoga est idéal pour apaiser l'esprit :

Le yoga, avec ses techniques de respiration profonde et consciencieuse couplées à des postures précises, est un puissant catalyseur de tranquillité mentale. En privilégiant la concentration sur la respiration, cette pratique ancestrale est un remède efficace contre le stress et l'anxiété, favorisant un état de paix intérieure.

- Il encourage à se concentrer sur le moment présent. En pratiquant les postures, on se concentre sur le corps et la respiration, ce qui aide à éloigner les pensées distrayantes ou inquiétantes.

- Les postures de yoga étirent et renforcent le corps, ce qui peut aider à relâcher les tensions musculaires souvent associées au stress mental.

- Beaucoup de séances de yoga se terminent par une relaxation profonde, où l'on reste immobile et on pratique la méditation ou la pleine conscience, ce qui peut aider à apaiser l'esprit.

- En pratiquant régulièrement le yoga, on peut développer une meilleure régulation émotionnelle, ce qui aide à répondre aux situations stressantes de manière plus calme et mesurée.

- La pratique du yoga peut augmenter la production d'endorphines, les hormones du bien-être, ce qui améliore l'humeur et diminue le stress.

- Le yoga aide à établir une connexion plus forte entre le corps et l'esprit, ce qui peut conduire à une meilleure conscience de soi et à une plus grande paix intérieure.

- En résumé, le yoga est une pratique qui combine l'exercice physique, la respiration contrôlée et la méditation, contribuant ainsi à réduire le stress et à apaiser l'esprit.

Le Tai Chi et le Qi Gong sont bénéfiques pour apaiser le mental :

Ces pratiques impliquent des mouvements doux et continus qui permettent de calmer l'esprit et de réduire le stress. Les mouvements lents aident à la concentration et à la détente.

- Comme dans le yoga, le Tai Chi et le Qi Gong utilisent la respiration profonde, ce qui peut aider à contrôler le stress et à calmer l'esprit.

- Ces arts martiaux nécessite de la concentration, ce qui peut détourner l'attention des pensées stressantes et favoriser un état de tranquillité mentale.

- En se concentrant sur les mouvements et la respiration, on pratique la pleine conscience, ce qui aide à vivre dans le moment présent et à éloigner les préoccupations.

- Le Tai Chi et le Qi Gong cherchent à équilibrer l'énergie du corps, ce qui peut contribuer à un sentiment d'harmonie intérieure et de paix mentale.

- La pratique régulière peut diminuer les niveaux d'anxiété et de dépression, en partie grâce à la relaxation et à l'amélioration de la respiration.

- Ces pratiques peuvent améliorer la santé physique, ce qui a un impact positif sur le bien-être mental.

En résumé, le Tai Chi et le Qi Gong sont des pratiques qui combinent des mouvements physiques, la respiration et la concentration pour créer un état de relaxation et de calme mental.

Les étirements sont bénéfiques pour apaiser le mental :

Les étirements permettent de relâcher les muscles tendus, ce qui peut réduire le sentiment de stress physique qui peut affecter l'esprit.

- En étirant les muscles, on favorise la circulation sanguine dans tout le corps, ce qui peut aider à se sentir plus détendu et moins stressé.

- Les étirements, stimule la production d'endorphines, les hormones du bien-être, qui peuvent améliorer l'humeur et réduire le stress.

- Pratiquer régulièrement ils augmentent la conscience de son propre corps, ce qui peut conduire à une meilleure gestion du stress et à une plus grande tranquillité d'esprit.

- Prendre le temps de s'étirer peut être un moment de calme et de détente dans une journée chargée, offrant une pause mentale nécessaire.

- Un corps souple contribue à une meilleure posture, ce qui peut réduire les douleurs physiques et, par conséquent, diminuer le stress mental associé à l'inconfort.

- Les étirements peuvent être une forme de relaxation active, aidant à calmer l'esprit tout en se concentrant sur le mouvement et la respiration.

En résumé, la souplesse corporelle peut contribuer à un état mental plus apaisé et à réduire la tension physique, en améliorant la circulation sanguine et en offrant un moment de détente qui favorise le bien-être mental.

Le Pilates est bénéfique pour apaiser le mental :

Le Pilates nécessite de se concentrer sur les mouvements, la respiration et l'alignement du corps, ce qui aide à éloigner les pensées stressantes et à se concentrer sur l'instant présent.

- Les exercices de Pilates sont souvent accompagnés d'une respiration profonde et rythmée, ce qui peut aider à calmer l'esprit et à réduire l'anxiété.

- En renforçant le centre du corps et en améliorant la posture, le Pilates peut aider à soulager les tensions musculaires, souvent liées au stress mental.

- Il aide à développer une meilleure conscience de son propre corps, ce qui peut conduire à une sensation de contrôle et de bien-être mental.

- Comme pour d'autres formes d'exercice, le Pilates peut stimuler la libération d'endorphines, les hormones du bien-être, qui améliorent l'humeur et diminuent le stress.

- Bien que le Pilates puisse être exigeant, il contient également des éléments de relaxation qui peuvent aider à apaiser l'esprit après une séance.

- La pratique régulière peut contribuer à un meilleur sommeil, ce qui est essentiel pour un esprit reposé et calme.

En résumé, le Pilates est une méthode d'exercice qui favorise la concentration, la respiration contrôlée et l'alignement du corps, ce qui peut aider à réduire le stress et à promouvoir un état mental apaisé.

L'Importance de l'Activité Physique dans la Quête Personnelle de Bien-être:

Dans le tumulte incessant de notre quotidien, l'activité physique émerge comme une bouée de sauvetage, non seulement pour notre corps mais aussi pour notre esprit. Elle est cette alliée silencieuse qui, par sa constance, forge en nous une résilience face aux tempêtes de la vie. L'importance de l'activité physique transcende les simples bénéfices corporels ; elle est une danse harmonieuse entre le bien-être mental et la vitalité physique.

L'activité physique est une symphonie dont les mouvements sont aussi variés que les notes sur une portée. Il existe une multitude d'activités, chacune avec son rythme et sa mélodie, destinées à apaiser l'esprit. De la course matinale qui dénoue les fils de nos pensées, à la pratique du yoga qui tisse la paix intérieure, chaque activité a le potentiel de devenir une méditation en mouvement. La natation, par exemple, nous enveloppe dans une étreinte aquatique, où chaque coup de bras nous éloigne du stress. L'escalade, quant à elle, nous enseigne l'art de la persévérance, chaque prise à atteindre étant une métaphore des défis que nous surmontons dans la vie.

Il est essentiel de reconnaître que le chemin vers le bien-être est personnel et unique. L'exploration et l'expérimentation sont les clés pour découvrir l'activité qui résonne avec notre être. Il ne s'agit pas seulement de suivre la tendance ou de s'adonner à ce qui est populaire, mais de faire des essais consciencieux, d'écouter les réponses de notre corps et de notre esprit. Choisir une activité physique ne doit pas être perçue comme une contrainte, mais plutôt comme une quête de joie et d'équilibre.

En faisant ce choix en conscience, nous alignons nos pratiques physiques avec nos aspirations futures. Si nous aspirons à devenir plus calmes et centrés, peut-être que le taï-chi ou la méditation en mouvement seront nos compagnons de route. Si nous cherchons à déborder d'énergie et de vitalité, les sports d'équipe ou les entraînements de haute intensité pourraient être nos alliés. L'activité physique devient alors un reflet de ce que nous voulons incarner, un pas de plus vers la personne que nous désirons devenir.

En somme, l'activité physique est un voyage intérieur autant qu'extérieur. Elle est une conversation entre notre présent et notre futur, un dialogue où chaque geste est un mot, chaque effort une phrase, vers la grande histoire de notre bien-être. Il est donc impératif de choisir notre activité non pas à la légère, mais avec la détermination de ceux qui sculptent leur destin, un souffle, un pas, un mouvement à la fois.

Chapitre 7: L'alimentation

INTRODUCTION :

Dans le grand théâtre de la vie, l'alimentation joue un rôle de premier plan, orchestrant en coulisse l'équilibre délicat de notre bien-être mental. Elle est la source silencieuse d'une mélodie qui peut apaiser l'esprit ou, au contraire, le désaccorder. L'alimentation est vitale non seulement comme sustentation, mais aussi comme un puissant modulateur de notre état mental.

La digestion, ce processus complexe et souvent négligé dans nos considérations quotidiennes, est en fait un moment clé où notre corps travaille intensément, non seulement pour extraire les nutriments essentiels, mais aussi pour maintenir l'harmonie intérieure. Une digestion sereine peut être synonyme d'un esprit calme, tandis qu'une digestion perturbée peut se répercuter comme des ondes de choc sur notre psyché, engendrant stress et inconfort.

En sélectionnant des aliments qui présentent une digestion harmonieuse et qui soutiennent la santé de notre microbiome, nous posons les fondements d'un mental apaisé et résilient.

C'est en partie en nourrissant correctement notre corps que nous pouvons espérer apaiser notre esprit et naviguer avec grâce sur les eaux parfois agitées de la vie.

D'UN POINT DE VUE MEDICAL, ce que nous mangeons peut affecter presque tous les aspects de notre bien-être. L'alimentation joue un rôle central dans notre santé.

- Les aliments fournissent les nutriments essentiels dont notre corps a besoin pour fonctionner correctement. Les vitamines, les minéraux, les protéines, les glucides et les lipides jouent tous un rôle crucial dans le maintien de la santé de nos organes et de nos systèmes corporels.

- Une alimentation équilibrée peut aider à prévenir certaines maladies. Par exemple, une consommation suffisante de fruits et légumes peut réduire le risque de maladies cardiaques et de certains cancers. Les aliments riches en fibres peuvent aider à prévenir le diabète de type 2 et les troubles digestifs.

- L'équilibre entre les calories consommées et celles brûlées est essentiel pour maintenir un poids convenable. Une nutrition équilibrée contribue à maintenir un équilibre énergétique adéquat et à éviter le surpoids, qui constitue un risque pour diverses pathologies chroniques.

- Il existe un lien entre l'alimentation et la santé mentale. Certains aliments peuvent influencer la production de neurotransmetteurs, qui sont des substances chimiques dans le cerveau qui affectent notre humeur et nos émotions. Une bonne alimentation peut contribuer à une meilleure santé mentale.

- Les nutriments comme le calcium et la vitamine D sont essentiels pour des os solides. Une alimentation qui les inclut peut aider à prévenir l'ostéoporose et d'autres maladies osseuses.

- Les nutriments jouent également un rôle dans le soutien du système immunitaire. Une alimentation riche en vitamines et minéraux peut aider le corps à lutter contre les infections.

En résumé, une alimentation saine est fondamentale pour maintenir le corps en bonne santé et prévenir une multitude de maladies. Elle est l'un des piliers les plus importants sur lesquels repose une vie longue et en bonne santé.

DANS LA SCIENCE YOGIQUE, l'alimentation est considérée comme essentielle non seulement pour la santé physique, mais aussi pour l'équilibre mental et spirituel.

- Les aliments sont vus comme porteurs de "prana", l'énergie vitale. Manger des aliments frais et naturels, comme les fruits et légumes, est censé augmenter le prana dans le corps, ce qui favorise la vitalité et l'énergie.

- La science yogique met l'accent sur les aliments "sattviques", qui sont purs, naturels et légers. Ces aliments sont censés apaiser l'esprit et favoriser la clarté mentale, ce qui est important pour la méditation et les pratiques spirituelles.

- Selon l'Ayurveda, la médecine traditionnelle indienne étroitement liée au yoga, l'alimentation doit être adaptée pour équilibrer les trois doshas (types d'énergies corporelles) : Vata, Pitta et Kapha. Chaque personne a une constitution unique, et les aliments peuvent aider à maintenir cet équilibre pour une santé optimale.

- Le principe de non-violence s'étend à l'alimentation, où une importance est donnée à un régime principalement végétarien ou végétalien.

- Manger en pleine conscience, c'est-à-dire être pleinement présent lors de la préparation et de la consommation des aliments, est encouragé. Cela inclut de manger lentement, de savourer chaque bouchée et d'être reconnaissant pour la nourriture reçue.

- Une alimentation simple, sans excès de saveurs fortes ou d'aliments transformés, est recommandée pour éviter de surcharger le système digestif et de perturber l'équilibre mental.

En somme, dans la science yogique, l'alimentation est bien plus qu'un acte de survie ; c'est un rituel qui nourrit le corps, apaise l'esprit et élève l'âme.

Retour aux sources - La Valeur Inestimable des Aliments Frais et Locaux

- Dans un monde où les étagères des supermarchés débordent de produits emballés et les publicités nous incitent à consommer toujours plus de malbouffe, il est devenu un acte de résistance de choisir des aliments frais et de qualité. Il est vital de redécouvrir les saveurs authentiques et les bienfaits des aliments non transformés, consommés au plus près de leur récolte.

- Les aliments frais, ceux qui n'ont pas été altérés par des procédés industriels, sont les piliers d'une alimentation qui respecte notre corps. Ils sont gorgés de nutriments essentiels, souvent perdus ou diminués lors de la transformation. Les fruits et légumes cueillis à maturité et consommés rapidement après leur récolte conservent leurs vitamines, leurs minéraux et leurs antioxydants, ces précieux alliés de notre santé.

- En outre, les aliments non transformés sont exempts d'additifs, de conservateurs et d'autres composants chimiques qui peuvent avoir des effets néfastes sur notre santé à long terme. Ils nous rapprochent d'une alimentation plus naturelle, celle pour laquelle notre organisme a été conçu au fil de l'évolution.

- Consommer des aliments au plus près de leur récolte signifie également soutenir l'agriculture locale et réduire l'empreinte carbone liée au transport des denrées. C'est un geste écologique qui a un impact positif sur l'environnement. De plus, les produits locaux, souvent issus de variétés moins communes, peuvent offrir une palette de saveurs et de textures oubliées, élargissant ainsi notre expérience culinaire.

- La malbouffe, omniprésente et facile d'accès, est une tentation constante. Elle est conçue pour titiller nos papilles avec des niveaux élevés de sel, de sucre et de gras, créant une dépendance difficile à rompre. Pourtant, résister à cette tentation est crucial. En revenant à une alimentation de produits simples et locaux, nous reprenons le contrôle de notre santé et de notre bien-être.

- Une alimentation basée sur des produits simples et locaux est une célébration de la qualité sur la quantité. Elle nous invite à redécouvrir le goût des aliments dans leur forme la plus pure, à apprécier la carotte croquante tout juste sortie de terre, la tomate juteuse gorgée de soleil, ou la pomme au parfum qui évoque les vergers. Cette simplicité est synonyme d'authenticité et de respect de notre corps.

- Alors que l'intérêt pour une alimentation saine et durable est grandissant, les informations à ce sujet se multiplient. Il est essentiel de faire preuve de discernement face à la surabondance de conseils, de régimes et de tendances alimentaires. La source de ces informations doit être fiable, remettez vous en à votre bon sens.

En conclusion, revenir à une alimentation riche en aliments frais, locaux et non transformés est un choix bénéfique pour notre santé, notre environnement et notre société. C'est un engagement envers une vie plus saine, plus durable et plus éthique. Toutefois, dans notre quête de bien-être, restons vigilants et éduqués, car la qualité de l'information que nous consommons est tout aussi importante que la qualité des aliments que nous mettons dans notre assiette.

L'Essence de l'Alimentation : Nourrir le Corps et l'Esprit

- Au cœur de notre existence, l'alimentation est bien plus qu'un simple carburant pour notre machine corporelle ; elle est la terre fertile d'où émerge notre bien-être. Comme un peintre qui choisit avec soin ses couleurs, nous avons la possibilité de composer notre palette alimentaire pour créer une œuvre d'art reflétant notre santé mentale et physique.

- L'importance de l'alimentation réside dans sa capacité à influencer non seulement notre silhouette, mais aussi notre état d'esprit. Des aliments riches en nutriments essentiels sont les piliers d'une psyché apaisée. Ils jouent une mélodie douce sur les cordes de notre système nerveux, apportant calme et sérénité. Les fruits et légumes, avec leur cortège de vitamines et minéraux, sont semblables à une harmonie qui renforce notre résilience face au stress.

- Il existe une multitude de nourritures capables de nourrir notre mental, chacune avec ses vertus spécifiques. Les aliments fermentés, tels que le kéfir ou la choucroute, sont réputés pour leur rôle dans la santé intestinale, ce qui est implicitement lié à notre humeur grâce à l'axe intestin-cerveau. La consommation de graines germées et d'aliments vivants est reconnue pour ses multiples bienfaits et avantages sur la santé.

- Ces aliments, éminemment riches en nutriments, offrent une concentration élevée de vitamines, de minéraux, d'enzymes et d'antioxydants, qui sont souvent perdus lors de la cuisson des aliments.

- Les graines germées, en particulier, sont une source exceptionnelle de protéines végétales et d'acides aminés essentiels, facilitant ainsi la digestion et l'assimilation des nutriments. De plus, la nourriture vivante, qui inclut les fruits et légumes crus, les germes et les jeunes pousses, contribue à alcaliniser l'organisme, ce qui peut aider à prévenir l'inflammation et certaines maladies chroniques.

- En outre, ces aliments ont un effet détoxifiant, soutenant le nettoyage naturel du corps et favorisant ainsi une meilleure énergie générale et un système immunitaire renforcé. Adopter une alimentation incluant des graines germées et des aliments vivants peut donc être un pilier pour maintenir un corps sain et vigoureux.

- La quête de l'alimentation idéale est une exploration personnelle, un voyage où l'intuition et la conscience sont nos boussoles. Il est crucial de faire des essais, d'écouter les signaux de notre corps et notre esprit après chaque repas. Quels aliments nous procurent de l'énergie ? Lesquels apaisent notre agitation ?

- L'alimentation est donc un acte de création de soi, un moyen par lequel nous pouvons devenir les architectes de notre bien-être. Chaque choix alimentaire est une brique posée sur le chemin de ce que nous souhaitons devenir. En nourrissant notre corps avec intention, nous nourrissons également nos rêves et nos ambitions, faisant de chaque bouchée un pas vers la réalisation de notre potentiel.

En définitive, l'alimentation consciente est un dialogue entre notre présent et le futur que nous désirons. Elle est une promesse que nous faisons à notre corps et à notre esprit, une promesse de les honorer avec des choix qui soutiennent notre vision de la vie. C'est avec cette conscience que nous pouvons transformer notre alimentation en un acte d'amour envers nous-mêmes et envers la vie que nous aspirons à vivre.

Chapitre 8: Le sommeil

INTRODUCTION :

Dans le silence enveloppant de la nuit, un voyage essentiel se déroule dans l'ombre quand nos paupières se ferme. Ce voyage, c'est le sommeil, un allié silencieux et puissant, gardien de notre équilibre mental et physique. Trop souvent relégué au second plan dans nos vies trépidantes, le sommeil est pourtant un pilier fondamental de notre bien-être.

Le sommeil n'est pas une simple pause dans notre existence diurne, mais un état actif et dynamique qui régénère, répare et restaure. Lorsque nous plongeons dans ses bras réconfortants, notre cerveau entame un travail minutieux de tri et de consolidation des expériences de la journée, tandis que notre corps se lance dans une série d'opérations de maintenance vitale. C'est dans ce laboratoire nocturne que notre esprit trouve la paix et notre corps, la guérison.

Cependant, lorsque le processus de sommeil est perturbé ou insuffisant, les effets sur notre mental et notre état général peuvent être profonds et déstabilisants. Un sommeil de mauvaise qualité peut transformer notre esprit en un champ de bataille où le stress, l'anxiété et l'irritabilité prennent le dessus. La fatigue cognitive s'installe, érodant notre concentration, notre jugement et notre capacité à gérer les émotions. Sur le plan physique, le corps privé de sommeil réparateur est comme une machine fonctionnant sans cesse, sans jamais bénéficier de l'entretien nécessaire pour rester en bon état.

D'UN POINT DE VUE MÉDICAL, le sommeil est essentiel. Pendant que nous dormons, notre corps se répare lui-même. Cela inclut la croissance musculaire, la réparation des tissus et la libération d'hormones importantes pour la croissance et le développement.

- Le sommeil est crucial pour notre cerveau. Il aide à consolider la mémoire et à traiter les informations de la journée. Un bon sommeil améliore l'apprentissage, la prise de décision et la créativité.

- Il affecte notre humeur. Le manque de sommeil peut nous rendre irritables ou déprimés, tandis qu'un sommeil suffisant peut nous aider à rester calme et positif.

- Dormir suffisamment renforce notre système immunitaire, nous aidant à combattre les infections et les maladies.

- Un bon sommeil peut réduire le risque de problèmes de santé tels que les maladies cardiaques, le diabète et l'obésité.

- Une durée de sommeil adéquate est associée à une plus longue espérance de vie.

En résumé, le sommeil est vital pour notre santé physique et mentale. Il est aussi important que l'alimentation et l'exercice pour maintenir notre corps en bonne santé.

DANS LA SCIENCE YOGIQUE, le sommeil est considéré comme un élément essentiel pour maintenir l'équilibre et l'harmonie entre le corps, l'esprit et l'âme.

- Il est vu comme un temps pour recharger le "prana", ou énergie vitale. Sans sommeil suffisant, notre énergie peut s'épuiser, affectant notre capacité à être présent et conscient dans nos pratiques de yoga et dans la vie quotidienne.

- Un sommeil de qualité aide à nettoyer l'esprit. Cela permet de réduire les « vritti » (les fluctuations de l'esprit) et de favoriser un état de calme intérieur, ce qui est crucial pour la méditation et la pratique du yoga.

- Selon l'Ayurveda, le système de santé traditionnel indien lié au yoga, le sommeil aide à équilibrer les doshas (les énergies corporelles) : Vata, Pitta et Kapha. Un sommeil approprié est donc essentiel pour maintenir l'équilibre physique et émotionnel.

- Il est également associé à l'augmentation de "sattva", la qualité de pureté et de paix dans le corps et l'esprit. Un manque de sommeil peut conduire à un excès de « rajas » (agitation) ou « tamas » (inertie), qui perturbe l'équilibre mental et spirituel.

En résumé, dans la science yogique, le sommeil est fondamental pour une vie équilibrée et harmonieuse. Il est la base qui soutient une pratique yogique profonde et une conscience éveillée.

Cultiver un Sommeil de Qualité - Les Clés du Royaume Nocturne

Le sommeil de qualité est l'architecte silencieux de notre bien-être. Il construit les fondations sur lesquelles reposent notre santé, notre vitalité et notre clarté d'esprit. Mais comment cultiver un sommeil qui répare et revitalise véritablement ?

- Le sommeil se déroule en plusieurs cycles, chacun composé de différentes phases, allant du sommeil léger au sommeil profond, puis au sommeil paradoxal où les rêves sont les plus vivants. Chaque phase a son importance, et perturber ces cycles peut affecter la qualité du sommeil.

- Tentez de vous coucher et de vous lever à la même heure chaque jour, même le week-end. Cette régularité aide à réguler votre horloge biologique et facilite l'endormissement.

- Votre chambre doit être une oasis de tranquillité. Assurez-vous qu'elle soit sombre, calme et fraîche. Investissez dans un bon matelas et des oreillers confortables. Prévoyez l'utilisation de bouchons d'oreilles ou d'un masque de sommeil si nécessaire.

- Créez une routine relaxante avant de vous coucher. Cela peut inclure la lecture, des étirements légers, une méditation ou une douche. Ces activités signalent à votre corps qu'il est temps de ralentir.

- Limitez la consommation de caféine et d'alcool, surtout dans les heures qui précèdent le coucher. Évitez également les repas lourds et les exercices intenses en fin de soirée.

- Réduisez l'exposition à la lumière bleue émise par les écrans de téléphones, tablettes et ordinateurs avant de dormir. La lumière bleue peut perturber la production de mélatonine, l'hormone du sommeil.

- Le stress est l'ennemi du sommeil. Pratiquez des techniques de relaxation comme la respiration profonde, le yoga ou la méditation pour aider à apaiser votre esprit.

- Si malgré ces pratiques, le sommeil de qualité vous échappe, il peut être utile de tenir un journal de sommeil pour identifier les motifs perturbateurs. Parfois, des problèmes sous-jacents comme l'apnée du sommeil ou l'insomnie peuvent nécessiter l'intervention d'un professionnel de la santé.

Un sommeil de qualité n'est pas un luxe, mais une nécessité accessible à tous. En adoptant les bonnes habitudes et en créant un environnement propice, nous pouvons inviter le sommeil réparateur dans notre vie. Chaque bonne nuit de sommeil est un pas de plus vers une santé optimale et un esprit serein.

Le Sommeil, Clé de Voûte d'un Esprit Serein

- Le sommeil est l'un des piliers fondamentaux de notre santé, souvent négligés dans le tourbillon de la vie moderne. Pourtant, sa qualité et sa quantité sont essentielles pour maintenir un état mental apaisé et une cognition optimale.

- Chaque nuit, lorsque nous nous abandonnons dans les bras de Morphée, nous ne faisons pas que reposer notre corps. Le sommeil est une période active pendant laquelle notre cerveau travaille à réparer, à consolider les souvenirs et à traiter les émotions de la journée. Un sommeil de qualité est donc essentiel pour une bonne santé mentale. Il aide à réguler notre humeur, à gérer le stress et à maintenir une pensée claire.

- Durant le sommeil, le cerveau se lance dans un processus de nettoyage, éliminant les toxines accumulées pendant l'éveil. Cette fonction de maintenance est cruciale pour prévenir les maladies neurodégénératives et favoriser un état mental sain. Un sommeil insuffisant ou de mauvaise qualité peut entraver ce processus, laissant notre esprit dans un état de brouillard, où la concentration et la prise de décision sont altérées.

- Nos émotions sont également étroitement liées à nos habitudes de sommeil. Le manque de sommeil peut nous rendre plus réactifs aux stimuli négatifs et moins capables de gérer le stress. À l'inverse, un sommeil réparateur peut améliorer notre résilience émotionnelle et notre capacité à rester calme et centré face aux défis quotidiens.

- Les différentes phases du sommeil, notamment le sommeil profond et le sommeil paradoxal, jouent des rôles distincts dans la régulation de notre bien-être mental. Le sommeil profond est réparateur pour le corps et l'esprit, tandis que le sommeil paradoxal, où se produit la plupart des rêves, est associé à la consolidation de la mémoire et au traitement des émotions.

- Adopter des habitudes de sommeil saines est donc essentiel. Cela inclut la création d'un environnement propice au sommeil, le respect d'horaires réguliers, la limitation de l'exposition aux écrans avant le coucher et la pratique de techniques de relaxation. Ces habitudes peuvent aider à instaurer un cycle de sommeil régulier et réparateur, ce qui est bénéfique pour l'esprit.

En somme le sommeil n'est pas un luxe, mais une nécessité. Il est le fondement sur lequel repose notre santé mentale. En honorant notre besoin de sommeil, nous nous donnons les moyens de vivre avec un esprit plus clair, plus calme et plus heureux. Alors que nous cherchons à naviguer dans un monde de plus en plus exigeant, n'oublions jamais que le sommeil est notre allié le plus fidèle, un sanctuaire de paix pour notre esprit.

Chapitre 9 : Relations sociales

INTRODUCTION :

Dans l'agitation incessante de notre ère moderne, où le bruit des ambitions et le vacarme des technologies semblent parfois étouffer les murmures de notre voix intérieure, l'importance des relations sociales pour cultiver un mental calme et apaisé émerge comme une vérité intemporelle. Chaque rencontre, chaque sourire partagé, chaque main tendue est une pierre angulaire de notre édifice intérieur.

L'être humain, par nature, est un animal social. Depuis les premiers feux de camp jusqu'aux réseaux numériques qui tissent aujourd'hui notre monde, la quête de connexion a toujours été inscrite dans nos gènes. Pourtant, dans la course effrénée vers le progrès, nous avons parfois perdu de vue l'essence même de ce qui nous rend véritablement humains : notre capacité à tisser des liens, à nous soutenir mutuellement, à partager nos joies comme nos peines.

Ce n'est pas un hasard si les philosophes de l'Antiquité, tels qu'Aristote, ont placé l'amitié au sommet des vertus nécessaires à une vie épanouie. Ou pourquoi les sagesses orientales, telles que le bouddhisme, insistent sur la compassion et l'interdépendance comme fondements d'une existence harmonieuse. Les relations sociales sont le miroir dans lequel se reflète notre humanité, et c'est à travers elles que nous pouvons apprendre à apaiser les vagues de notre esprit.

Les Relations Sociales Toxiques et Leur Impact sur Notre Bien-être

Il est indéniable que les relations sociales sont l'épine dorsale de notre bien-être émotionnel et psychologique. Elles peuvent être une source de joie, de soutien et d'inspiration. Cependant, lorsqu'elles sont de mauvaise qualité, elles peuvent devenir toxiques et nuire gravement à notre santé mentale et physique. Les relations toxiques sont celles qui consistent en des interactions négatives et répétitives. Elles sont marquées par des comportements tels que le manque de respect, la manipulation, la critique constante, la jalousie et un déséquilibre dans le don et la réception.

Ces relations sont nocives car elles nous plongent dans un état de stress chronique. Le corps humain, conçu pour réagir au stress de manière aiguë et temporaire, se retrouve alors constamment en état d'alerte, ce qui peut mener à l'épuisement (physique et mental), à une diminution de l'immunité et à divers problèmes de santé. Sur le plan émotionnel, elles peuvent engendrer de l'anxiété, de la dépression et une faible estime de soi. Éviter ces relations toxiques est donc essentiel pour préserver notre énergie et notre santé.

Pourquoi est-il crucial de s'éloigner des relations toxiques ? Chaque interaction négative agit comme un vampire énergétique, suçant lentement mais sûrement notre vitalité. Ensuite, pour maintenir notre intégrité personnelle. Les relations toxiques ont souvent un effet corrosif sur notre sens de l'identité et nos valeurs. Enfin, pour préserver notre capacité à entretenir des relations saines à l'avenir. Plus nous sommes exposés à des dynamiques relationnelles malsaines, plus nous risquons de les normaliser et de les reproduire.

L'Importance des Relations Sociales de Qualité

À l'opposé du spectre, les relations sociales de qualité sont celles qui nourrissent notre âme, renforcent notre résilience et enrichissent notre existence. Elles sont caractérisées par l'empathie, le soutien mutuel, la communication honnête et le respect des frontières personnelles. Ces relations sont essentielles car elles nous offrent un environnement où nous pouvons être authentiques et vulnérables, un espace où notre bien-être est priorisé.

Les relations de qualité ont un impact positif sur notre santé mentale. Elles nous permettent de développer une image positive de nous-mêmes, de renforcer notre confiance et de cultiver un optimisme réaliste face à la vie. Sur le plan physique, les interactions positives peuvent même améliorer notre santé, en particulier le stress, en abaissant la pression artérielle et en stimulant notre système immunitaire.

Cultiver des relations sociales de qualité est donc un investissement dans notre santé globale. Cela implique de choisir consciemment avec qui nous passons notre temps, d'établir et de maintenir des limites saines et de s'engager dans des interactions qui sont réciproquement enrichissantes. Cela signifie également apprendre à reconnaître et à valoriser les qualités des personnes qui nous environnent, et à s'investir dans ces relations.

En conclusion, les relations sociales de mauvaise qualité sont à éviter car elles sont toxiques pour notre esprit et notre corps. Elles drainent notre énergie et peuvent avoir des conséquences néfastes sur notre santé. À l'inverse, les relations de qualité sont cruciales pour notre bien-être. Elles nous procurent un soutien émotionnel, renforcent notre santé mentale et physique, et nous permettent de prospérer dans un environnement et un état d'esprit sain.

La Création de Relations Sociales de Qualité

La quête de relations sociales de qualité est une aventure humaine aussi ancienne que la société elle-même. Ces relations sont le terreau fertile sur lequel peut s'épanouir une vie équilibrée et heureuse. Mais comment cultiver ces liens précieux ?

- La première étape vers des relations de qualité est une introspection sincère. Comprendre qui nous sommes, ce que nous valorisons et ce que nous cherchons dans nos interactions avec autrui est essentiel. L'authenticité attire l'authenticité ; en étant fidèles à nous-mêmes, nous attirons des personnes qui résonnent avec notre véritable nature.

- La communication est le pilier de toute relation. Une communication ouverte, honnête et bienveillante permet de créer un espace de confiance où chacun peut s'exprimer sans crainte de jugement. Cela implique d'écouter activement, de partager ses pensées et ses sentiments, et de résoudre les conflits avec respect et compréhension.

- L'empathie est la capacité de se mettre à la place de l'autre, de comprendre ses émotions et ses perspectives. L'écoute active, où l'on se concentre pleinement sur l'interlocuteur, est une manifestation de l'empathie. Elle permet de créer un lien profond et de montrer à l'autre qu'il est valorisé et compris.

- Chaque individu a ses propres limites et besoins. Respecter ces limites et encourager les autres à faire de même est crucial pour des relations saines. Cela signifie aussi reconnaître et respecter le besoin d'espace personnel et de temps seul de chacun.

- Les relations de qualité requièrent du temps et de l'énergie. Il est important de s'investir dans les relations qui comptent pour nous et de montrer notre engagement à travers des actes et des paroles. Cela peut être aussi simple que de prendre des nouvelles régulièrement ou de se rendre disponible en cas de besoin.

- Partager des expériences communes, qu'il s'agisse d'activités, de loisirs ou de discussions sur des sujets qui nous tiennent à cœur, renforce les liens. De plus, des valeurs partagées peuvent servir de fondation solide pour une relation durable.

- Exprimer de la gratitude et de la reconnaissance pour les autres et pour ce qu'ils apportent dans notre vie est un puissant renforçateur de relations. Cela montre que nous ne tenons pas leur présence ou leurs actions pour acquises.

- Les relations évoluent avec le temps, tout comme les individus. Être flexible et s'adapter aux changements dans nos vies et celles des autres est essentiel pour maintenir des relations dynamiques et résilientes.

- Les désaccords sont inévitables, mais ils ne doivent pas être destructeurs. Aborder les conflits avec l'intention de trouver une solution mutuellement satisfaisante peut en fait renforcer une relation.

- Enfin, les relations de qualité sont celles où il y a un soutien mutuel. Encourager les aspirations de l'autre, offrir de l'aide en temps de besoin et célébrer les réussites ensemble sont des aspects qui contribuent à une relation épanouissante.

En conclusion, en adoptant une approche consciencieuse et réfléchie dans nos interactions, nous avons le pouvoir de forger et de cultiver des relations de haute qualité. Chaque choix délibéré dans la manière dont nous communiquons, écoutons et nous comportons avec autrui peut servir de fondation solide pour des liens profonds et significatifs. Cela implique une écoute active, une empathie sincère et une ouverture d'esprit qui permettent de comprendre et de respecter les perspectives diverses. En étant attentifs aux besoins et aux attentes des personnes qui nous entourent, et en agissant avec intention et intégrité, nous créons un environnement propice à des échanges authentiques et à une confiance mutuelle. Ces relations enrichissantes, bâties sur la conscience et la réflexion, deviennent alors des sources de soutien, de croissance personnelle et de bien-être partagé.

Vous pouvez créer et entretenir des relations sociales de qualité qui enrichiront votre vie.

Chapitre 10: Équilibre vie professionnelle/vie privée

INTRODUCTION :

Dans le ballet incessant de nos existences, où les heures s'entremêlent et les rôles se superposent, l'équilibre entre la vie professionnelle et la vie privée se dresse comme un pilier central de notre quête de sérénité.

L'importance de cet équilibre ne saurait être sous-estimée. Nous vivons dans une société où la réussite professionnelle est souvent synonyme d'accomplissement personnel. Cependant, lorsque la balance penche trop lourdement du côté du travail, notre bien-être mental et émotionnel peut en pâtir gravement. Le stress, l'épuisement et une myriade d'autres maux peuvent s'ensuivre, érodant silencieusement les fondements de notre tranquillité d'esprit.

Une vie privée négligée ou insatisfaisante peut elle aussi teinter notre expérience du monde d'une teinte de mélancolie et de désarroi. Les relations négligées, les passions étouffées et le manque de temps pour soi sont autant de pierres qui alourdissent le sac à dos de notre voyage à travers la vie.

C'est dans l'équilibre que nous trouvons la paix, et c'est dans la paix que nous puisons la force de vivre pleinement chaque aspect de notre vie.

L'Équilibre, Une Quête Essentielle

Dans la société effrénée d'aujourd'hui, où la technologie a estompé les frontières entre le travail et la maison, l'importance de maintenir un équilibre entre la vie professionnelle et la vie privée n'a jamais été aussi cruciale. Cet équilibre est la clé de voûte d'une existence épanouie, où le bien-être personnel et la réussite professionnelle coexistent en harmonie.

L'équilibre travail-vie privée n'est pas une formule fixe, mais plutôt une approche personnalisée qui varie d'une personne à l'autre. Il s'agit de trouver la juste répartition entre les heures consacrées à notre carrière et celles dédiées à notre vie personnelle, familiale et à nos loisirs. Cet équilibre est essentiel.

La santé physique et mentale est souvent le premier indicateur d'un déséquilibre. Le surmenage peut conduire à l'épuisement, au stress chronique et à des maladies liées au stress. En revanche, un équilibre bien géré favorise la récupération, la détente et la prévention des problèmes de santé. Il permet de renouveler notre énergie et de maintenir notre motivation.

Contrairement à l'idée reçue que plus d'heures de travail équivalent à plus de productivité, l'équilibre travail-vie privée peut en réalité améliorer notre efficacité. Des périodes de repos adéquates permettent de revenir au travail avec une perspective rafraîchie et une capacité de concentration renouvelée. Cela peut conduire à une meilleure performance et à des résultats de plus haute qualité.

L'équilibre a un impact significatif sur nos relations. Il nous permet de consacrer du temps à nos proches, de construire des liens solides et de participer à la vie communautaire. Ces interactions sociales sont vitales pour notre bonheur et notre sentiment d'appartenance.

L'esprit a besoin de moments d'oisiveté pour générer des idées innovantes. De plus, les activités en dehors du travail, qu'elles soient éducatives, artistiques ou sportives, contribuent à notre développement personnel et à notre épanouissement.

Enfin, un équilibre sain entre le travail et la vie privée est indispensable pour la durabilité de la carrière. Il aide à prévenir le burn-out et assure que l'on puisse maintenir une trajectoire professionnelle sur le long terme sans sacrifier notre qualité de vie.

L'équilibre entre la vie professionnelle et la vie privée n'est pas un luxe, mais une nécessité pour une vie riche et satisfaisante.

Au-delà de Notre Travail : Vivre en Pleine Conscience et Faire des Choix Éclairés.

Dans le tourbillon incessant de la vie moderne, où le travail occupe une place prépondérante, il est impératif de se souvenir que notre identité ne se limite pas à notre profession. Cette prise de conscience est la première étape vers une vie équilibrée et intentionnelle, où chaque choix est le reflet de notre essence et non le produit de conditionnements extérieurs.

Nous sommes des mosaïques vivantes, composées de multiples facettes qui vont bien au-delà de notre rôle professionnel. Chaque individu porte en lui des passions, des rêves, des talents et des aspirations qui méritent d'être nourris. En se définissant uniquement par son travail, on risque de négliger ces autres dimensions qui contribuent à notre unicité et à notre épanouissement. Il est donc essentiel de s'accorder du temps pour explorer et cultiver ces autres aspects de notre être, que ce soit à travers des hobbies, du bénévolat, des activités artistiques ou toute autre forme d'expression personnelle.

Vivre en pleine conscience, c'est embrasser l'instant présent avec attention et lucidité. Cela implique une écoute active de nos pensées et émotions, une compréhension de nos motivations profondes et un engagement dans nos actions qui soient en accord avec nos valeurs. Cette démarche consciencieuse nous libère des automatismes et des réponses conditionnées, nous permettant ainsi de faire des choix réfléchis et authentiques. Elle nous invite à questionner régulièrement notre parcours, à réévaluer nos objectifs et à ajuster notre trajectoire en fonction de ce qui nous rend véritablement heureux et comblés.

La prise de conscience de la finitude de la vie est un puissant catalyseur pour définir nos priorités. Chaque jour est une toile vierge, où nous pouvons peindre les moments qui comptent vraiment pour nous. Cela nécessite souvent de faire des choix difficiles, de renoncer à certaines opportunités professionnelles pour privilégier des moments avec nos proches, des expériences qui nous font vibrer, ou simplement du temps pour nous ressourcer. Définir ses priorités est un acte de clarté qui demande du courage, car il s'agit de s'affirmer face aux attentes et aux pressions sociales qui voudraient parfois dicter notre emploi du temps et nos aspirations.

Le travail est un aspect important de la vie, mais il ne devrait pas en être le centre exclusif. La vie est un kaléidoscope d'expériences, d'émotions et de relations qui méritent d'être vécues pleinement. C'est dans la diversité de ces expériences que nous trouvons la joie, l'inspiration et le sens. Que ce soit en contemplant la beauté de la nature, en partageant un repas avec des amis, en se plongeant dans un bon livre ou en voyageant vers des horizons inconnus, chaque expérience enrichit notre existence et nous rappelle que la vie est un cadeau précieux.

En somme, ne pas s'identifier à son travail est un acte libérateur qui ouvre la porte à une vie plus riche et plus diversifiée. En vivant en pleine conscience et en définissant nos priorités avec attention, nous pouvons jouir d'une existence pleine de sens et de bonheur. C'est en reconnaissant la valeur de chaque instant et en célébrant la vie dans toute sa splendeur que nous pouvons véritablement dire que nous avons vécu.

Harmoniser Vie Professionnelle et Vie Privée

L'harmonie n'est pas une destination finale, mais un voyage constant, marqué de choix délibérés, de réflexions profondes et d'ajustements continus.

- L'équilibre commence par la définition de limites claires. Dans un monde où la technologie permet une connectivité constante, il est crucial de savoir déconnecter. Cela peut signifier éteindre les appareils électroniques après une certaine heure, ou choisir des moments de la journée dédiés exclusivement à la famille ou aux loisirs. Ces limites ne sont pas des barrières rigides, mais des balises qui guident notre chemin vers une vie plus saine.

- Il est tentant de mesurer notre engagement professionnel et personnel en termes d'heures d'investissement. Pourtant, l'équilibre est moins une question de quantité qu'une question de qualité. Il s'agit de s'assurer que le temps passé au travail est productif et que le temps passé en dehors est réellement régénérant et enrichissant. Cela implique d'être pleinement présent, que ce soit lors d'une réunion importante ou lors d'un dîner en famille.

- La rigidité est l'ennemi de l'harmonie. Avoir une approche flexible de la gestion du temps permet de mieux réagir aux imprévus et de s'adapter aux changements de circonstances. Cela peut signifier ajuster ses heures de travail pour assister à un événement familial ou prendre un après-midi de congé pour se ressourcer. La flexibilité permet de trouver un équilibre dynamique qui respecte les besoins et les responsabilités de chaque sphère de la vie.

- Une communication ouverte et honnête avec les employeurs, les collègues et les proches est fondamentale. Exprimer ses besoins et ses attentes permet de trouver des solutions communes et de prévenir les malentendus. Que ce soit pour négocier un horaire flexible ou pour expliquer à sa famille l'importance d'un projet professionnel, la communication est la clé pour construire un équilibre qui fonctionne pour tous.

- Il est important de prendre du recul régulièrement pour évaluer si les arrangements actuels répondent toujours à nos besoins. Cela peut impliquer de réviser nos priorités, de réajuster nos limites ou de redéfinir ce que signifie l'équilibre pour nous aux différentes étapes de notre vie.

- Enfin, il est essentiel de cultiver la bienveillance envers soi-même. L'harmonie parfaite est un idéal souvent inatteignable, et il est important de reconnaître que des déséquilibres temporaires sont inévitables. Se traiter avec compassion et comprendre que l'équilibre est un processus qui permet de rester motivé et résilient face aux défis.

En conclusion, l'équilibre entre la vie professionnelle et la vie privée est un art délicat, une danse entre nos aspirations, nos responsabilités et nos plaisirs. En respectant des limites, en privilégiant la qualité, en restant flexible, en communiquant efficacement, en s'auto-évaluant et en faisant preuve de bienveillance, nous pouvons composer une symphonie où chaque note a sa place, et où la mélodie de notre vie joue en harmonie avec nos rêves et notre réalité.

Partie 4 : Intégration quotidienne

Chapitre 11 : Créer une routine

INTRODUCTION :

Dans le sablier de la vie moderne, où le temps semble filer entre nos doigts comme des grains de sable, l'équilibre entre le faire et l'être s'avère être un défi de taille. Nous sommes souvent pris dans une course effrénée, cherchant à cocher les cases de nos listes interminables de tâches, oubliant parfois l'essence même de notre existence : le bien-être de notre corps et de notre esprit. C'est ici que l'importance d'une routine d'habitudes saines et régulières prend tout son sens, en particulier lorsqu'il s'agit de pratiques aussi fondamentales que l'activité physique, les exercices de respiration, de méditation ou bien de visualisation.

Il ne s'agit pas simplement d'ajouter une nouvelle série de tâches à notre emploi du temps déjà chargé. En cultivant des habitudes qui ancrent ces différents exercices et pratiques dans le tissu de notre quotidien, nous ouvrons la porte à une transformation profonde, celle qui nous permet de naviguer dans la vie avec plus de sérénité, de clarté et de joie.

La routine, souvent perçue comme synonyme de monotonie, est ici réhabilitée en tant que sanctuaire, un espace sacré où l'on peut se retrouver, se ressourcer et se régénérer. En prenant soin de soi avec intention et régularité, on honore son corps, on apaise son esprit et on nourrit son âme.

Planifier de Sa Pratique :

Pour intégrer avec succès des exercices de respiration, de méditation ou moments de soins personnels dans votre quotidien, une planification simple et détaillée est essentielle. Voici un guide étape par étape pour vous aider à établir une routine qui s'harmonise avec votre vie :

Étape 1 : Évaluation de Votre Emploi du Temps

Avant de commencer, prenez un moment pour évaluer votre emploi du temps actuel. Identifiez les moments de la journée où vous êtes généralement libre ou moins occupé. Cela pourrait être tôt le matin, pendant votre pause déjeuner, ou juste avant de vous coucher.

Étape 2 : Définition de Vos Objectifs

Demandez-vous ce que vous souhaitez atteindre avec ces pratiques. Voulez-vous vous sentir moins stressé ? Améliorer votre sommeil ? Ou prendre simplement un moment pour vous chaque jour ? Vos objectifs influenceront la manière dont vous planifiez votre pratique.

Étape 3 : Choix de la Durée et de la Fréquence

Décidez combien de temps vous pouvez raisonnablement consacrer à votre pratique chaque jour. Même cinq minutes peuvent faire une différence. Ensuite, choisissez la fréquence. Commencez peut-être avec une pratique quotidienne pour établir l'habitude, puis ajustez selon vos besoins et votre emploi du temps.

Étape 4 : Sélection des Exercices

Choisissez des exercices de respiration, des techniques de méditation ou autre qui vous conviennent.

Étape 5 : Création d'un Espace Dédié

Si possible, dédiez un espace chez vous pour vos pratiques. Cela peut être un petit coin avec un coussin de méditation, une bougie, ou tout objet qui crée une atmosphère paisible.

Étape 6 : Intégration dans Votre Routine

Incorporez vos pratiques dans votre routine quotidienne. Par exemple, faites des exercices de respiration après avoir été vous brosser les dents le matin, méditez pendant la pause déjeuner, et consacrez du temps au soin de soi avant de vous coucher.

Étape 7 : Utilisation d'Outils d'Aide

Utilisez des alarmes ou des applications pour vous rappeler vos temps de pratique. Vous pouvez également préparer à l'avance tout ce dont vous avez besoin, comme un tapis de yoga ou un coussin, pour faciliter l'intégration de la pratique dans votre journée.

Étape 8 : Suivi et Ajustement

Tenez un journal de vos pratiques pour suivre vos progrès. Notez ce qui fonctionne bien et ce qui pourrait être amélioré. N'hésitez pas à ajuster votre routine en fonction de vos observations.

Étape 9 : Flexibilité et Bienveillance

Soyez flexible et bienveillant envers vous-même. Si vous manquez une séance, ne vous découragez pas. La clé est de reprendre là où vous êtes arrêté sans jugement.

Étape 10 : Célébration des Petites Victoires

Célébrez vos réussites, même les plus petites. Chaque fois que vous terminez une séance de pratique, prenez un moment pour apprécier ce que vous avez fait pour vous-même.

En suivant ces étapes simples, vous serez en mesure de planifier et de maintenir une pratique régulière qui s'intègre naturellement dans le rythme de votre vie.

Cultiver la Motivation et Reconnaître les Effets Positifs

La motivation est le carburant qui alimente notre engagement envers toute pratique régulière.

1 : MOTIVATION

- Entreprennez chaque journée en vous rappelant pourquoi vous avez choisi d'adopter cette routine. Que ce soit pour la paix intérieure, la gestion du stress, l'amélioration de la santé, ou tout autre chose, gardez vos intentions à l'esprit.

- Plutôt que de viser une heure de méditation dès le début, commencez par des séances de 5 à 10 minutes. Augmentez progressivement la durée à mesure que vous devenez plus à l'aise avec la pratique.

- Associez votre pratique à quelque chose que vous aimez. Préparez une tasse de thé avant de méditer ou choisissez un endroit confortable pour vos exercices de respiration.

- Choisissez des moments où vous êtes naturellement plus réceptif et détendu pour votre pratique, comme après une douche chaude ou juste avant le coucher.

- Placez des notes inspirantes ou des images qui vous rappellent vos objectifs et votre engagement envers votre pratique dans des endroits ou vous passez souvent.

- Tenez un journal de pratique et notez non seulement vos séances, mais aussi les petits changements dans votre humeur et votre niveau de stress. Célébrez chaque étape franchie.

- Si vous manquez une session, ne soyez pas trop dur avec vous-même. La flexibilité est la clé. Trouvez un autre moment dans la journée ou doublez votre engagement le lendemain.

- Parlez de votre pratique à des amis ou rejoignez un groupe en ligne. Le soutien des paires peut être un puissant motivateur.

2 : EFFETS POSITIFS

- Au fil du temps, vous pourriez remarquer une capacité accrue à vous concentrer sur des tâches sans vous laisser distraire aussi facilement.

- Les exercices de respiration et la méditation peuvent diminuer les niveaux de stress, vous laissant plus calme et plus serein face aux défis quotidiens.

- En intégrant ces pratiques avant le coucher, beaucoup trouvent qu'ils s'endorment plus facilement et que la qualité de leur sommeil s'améliore.

- Avec le temps, vous pourriez devenir plus conscient de vos pensées et émotions, ce qui peut conduire à une meilleure régulation émotionnelle.

- En pratiquant régulièrement, vous pouvez développer une plus grande résilience face aux aléas de la vie, en vous adaptant plus facilement aux changements et aux difficultés.

- Des exercices de respiration réguliers peuvent améliorer la fonction pulmonaire et la circulation, tandis que le soin de soi peut conduire à une meilleure santé globale.

En restant motivé et en prenant conscience des effets positifs de votre pratique, vous renforcez votre engagement et assurez une place durable à ces habitudes bénéfiques dans votre vie. Chaque petit pas est une composante d'un voyage plus grand vers le bien-être et l'épanouissement personnel.

Chapitre 12 : Dépasser les obstacles

INTRODUCTION :

Chaque jour, nous nous levons avec l'espoir de nous rapprocher un peu plus de notre idéal de bien-être. Nous souhaitons une existence où l'équilibre, la santé et la sérénité ne sont pas de simples aspirations, mais des réalités tangibles. Pourtant, entre l'aube et le crépuscule, notre chemin est souvent parsemé d'obstacles imprévus qui mettent à l'épreuve notre résilience et notre détermination.

Les contraintes de temps qui nous éloignent de nos pratiques de bien-être, les pressions sociales qui façonnent nos choix, les pensées négatives qui obscurcissent notre horizon, et les imprévus qui bouleversent nos routines soigneusement élaborées. Ces barrières, bien que décourageantes, ne sont pas insurmontables.

Dans ce contexte, les imprévus peuvent sembler être des ennemis redoutables, des voleurs de temps qui nous dérobent les moments précieux que nous avons attribués à notre développement personnel. Ils surgissent sans prévenir, testant notre capacité à rester ancrées dans nos intentions et fidèles à nos pratiques.

Gérer Les Interruptions:

Dans notre quête incessante du bien-être, les interruptions dans une nouvelle routine sont souvent perçues comme des ennemis, des perturbateurs de notre paix et de notre concentration. Cependant, avec les bonnes stratégies, il est possible de les transformer en opportunités pour renforcer notre pratique et notre résilience.

- La première étape pour gérer ces interruptions est de les reconnaître et de les accepter comme une partie inévitable de la vie. Plutôt que de les combattre avec frustration, nous pouvons les accueillir avec une curiosité ouverte.

- Apprenez à identifier rapidement ce qui nécessite réellement votre attention immédiate.

- Acceptez que les imprévus surviennent périodiquement, et rappelez-vous que c'est votre réaction qui est la plus importante face à chaque situation.

- Une préparation adéquate peut réduire significativement le nombre et l'impact de ces imprévus.

- Intégrez des blocs de temps dans votre emploi du temps pour les imprévus, afin de ne pas perturber vos activités de bien-être.

- Informez votre entourage de vos périodes de pratique pour minimiser les perturbations pendant ces moments.

- Lorsqu'un imprévu survient, il est crucial de savoir répondre sans perdre votre équilibre, prenez un moment pour vous arrêter et évaluer l'importance de la situation.

Les interruptions ne doivent pas être vues comme des obstacles sur votre chemin, mais plutôt comme des composantes de votre parcours vers le bien-être. En les gérant avec sagesse et en les intégrant dans votre pratique, vous renforcez votre capacité à rester en paix, quelles que soient les circonstances extérieures. À chaque fois que vous surmontez avec succès un événement perturbateur sur la voie de votre nouvel objectif, vous vous approchez davantage de l'état d'harmonie et de sérénité auquel vous aspirez.

Adapter la Pratique aux Jours Difficiles :

La vie, dans sa dynamique incessante, nous présente des jours où tout semble s'aligner contre nos intentions de bien-être. Ces jours difficiles peuvent être accablants, nous mettant au défi de maintenir nos pratiques qui nourrissent notre équilibre intérieur. Cependant, c'est précisément dans ces moments que notre pratique peut devenir notre plus grand refuge. Il faut adapter nos routines de bien-être pour les rendre compatibles avec les jours où rien ne se passe comme prévu.

- Avant de pouvoir adapter notre pratique, nous devons d'abord reconnaître et accepter que nous traversons une période difficile.

- Prendre conscience de nos limites actuelles sans jugement.

- Comprendre que les jours difficiles sont une partie naturelle de la vie et qu'ils passent.

- Ils exigent que nous ajustions nos attentes envers nous-mêmes et notre pratique.

- Soyez prêt à modifier vos objectifs de bien-être pour qu'ils soient réalistes et atteignables dans le contexte actuel.

- Remplacer la critique intérieure par une compassion qui reconnaît nos efforts, même minimes.

- Il est essentiel de savoir adapter nos pratiques à notre état du moment.

- Les réduire à leur forme la plus simple peut les rendre plus accessibles.

- Pratiquer, même de manière réduite, peut nous aider à rester ancrés.

- Les jours difficiles sont aussi une opportunité de cultiver la résilience à travers notre pratique.

- Reconnaître et célébrer chaque petite réussite dans notre pratique renforce notre résilience.

- Tenir un journal pour noter les aspects positifs de notre journée peut nous aider à maintenir une perspective équilibrée.

Les jours difficiles ne sont pas des obstacles à notre pratique, mais plutôt des occasions pour l'approfondir et la rendre plus personnelle et significative. En adaptant notre pratique à ces jours, nous ne faisons pas preuve de faiblesse, mais de sagesse. Nous apprenons à danser avec la vie dans toutes ses nuances, à rester fluides et réceptifs, et à trouver la paix intérieure, même dans le chaos. C'est dans cette flexibilité et cette adaptabilité que réside la force de notre pratique de véritable bien-être.

Conclusion

Récapitulatif des outils et techniques

Dans ce livre, nous avons exploré une diversité de stratégies et de procédures destinées à apaiser notre mental et améliorer notre quête personnelle de bien-être et à stimuler notre développement intérieur.

- Tout d'abord, la création d'un Espace de Pratique est primordiale. Il s'agit de sélectionner un lieu propice, où le calme et la sérénité prédominent, pour y établir un sanctuaire personnel. L'aménagement de cet espace doit favoriser la concentration et le confort, permettant ainsi une immersion totale dans la pratique. L'organisation de l'espace avec des objets porteurs de sens ou des rituels de mise en place aide à renforcer la détermination et à marquer la transition vers un temps de concentration.

- Sur le plan mental, la préparation se compose de plusieurs phases. La Pleine Conscience est au cœur de cette démarche, invitant à une présence attentive et ouverte à l'expérience du moment. La conscience respiratoire, quant à elle, est la clé de voûte de la relaxation et de la régulation émotionnelle. Lâcher prise sur les attentes permet de s'ouvrir à l'expérience sans jugement, tandis que la visualisation et l'utilisation de mantras ou d'affirmations renforcent les intentions positives et la confiance en soi. La reconnaissance et l'acceptation de son état actuel, l'engagement envers la bienveillance envers soi-même et les autres, ainsi que la transition en douceur vers et depuis la pratique, sont autant de composantes qui enrichissent l'expérience et la rendent plus profonde. La ritualisation des séquences mentales aide à instaurer une régularité et une structure dans la pratique.

- Les exercices pratiques proposés dans ce livre sont variés et adaptés à différents besoins et préférences. Ils comprennent des techniques de respiration diversifiées, chacune avec ses spécificités et ses bienfaits, à expérimenter pour trouver celle qui résonne le plus avec l'individu. De même, les méditations présentent un large éventail de focus, de la méditation guidée à la contemplation silencieuse, permettant à chacun de découvrir son chemin vers la quiétude. Les techniques de visualisation sont également abordées, offrant des voyages intérieurs enrichissants et des outils pour renforcer la motivation et atteindre ses objectifs.

- En complément de ces pratiques, ce livre souligne l'importance d'une hygiène de vie équilibrée. Les chapitres dédiés à l'alimentation, au sommeil, aux relations sociales et à l'équilibre entre la vie professionnelle et la vie privée fournissent des conseils pratiques pour soutenir et renforcer la pratique. L'intégration quotidienne de ces éléments est cruciale et se fait à travers la création de routines saines et la gestion des obstacles qui peuvent surgir.

Encouragements pour la suite du voyage

Chers lecteurs,

En quête de sérénité et de méthodes pour apaiser votre esprit, sachez que vous avez déjà franchi un pas significatif. Votre démarche témoigne d'une belle volonté de croissance et d'un courage admirable. Il est important de se rappeler que chaque voyage commence par un simple pas, et vous avez déjà amorcé le vôtre.

L'esprit humain est d'une complexité merveilleuse, capable de créer des univers en une pensée, de voyager à travers le temps en un souvenir. Pourtant, il peut parfois sembler que notre mental a sa propre volonté, nous entraînant dans des tourbillons d'inquiétudes et de doutes. Mais n'oubliez jamais que vous êtes aux commandes. Votre mental, cet outil puissant, est là pour vous servir, et non l'inverse. Vous avez le pouvoir de le guider et de le calmer, de le transformer en un allié précieux sur votre chemin de vie.

Il est vrai que notre société peut souvent nous conditionner à suivre un certain chemin, à penser et à agir selon des normes préétablies. Mais le véritable épanouissement réside dans la liberté de pouvoir sortir de ces sentiers battus, et partir à la découverte de notre soi véritable. C'est une aventure qui demande du courage, de la persévérance et une douce bienveillance envers soi-même.

Je vous encourage à embrasser pleinement ce processus, à devenir pleinement conscients de la beauté et de la complexité de la vie. Chaque moment de prise de conscience est une étape vers une plus grande maîtrise de votre existence. Vous avez en vous toutes les ressources nécessaires en vous. Faites confiance à votre capacité innée de croissance et de guérison.

Prenez le temps de vous connaître, d'écouter les murmures de votre âme et de reconnaître vos véritables aspirations. Lorsque vous vous engagez dans cette quête de compréhension et d'authenticité, vous vous ouvrez à un monde de possibilités infinies. La paix intérieure et la joie de vivre ne sont pas de lointains mirages, mais des destinations atteignables, des états que vous pouvez cultiver et entretenir au quotidien.

Avec bienveillance et espoir, je vous encourage à poursuivre votre chemin avec détermination et confiance. Rappelez-vous que chaque pas, même le plus petit, est une partie de votre voyage. Vous n'êtes pas seuls dans cette quête ; chaque effort que vous faites pour vous comprendre et pour calmer votre esprit contribue à élever l'humanité toute entière.

Avec tout mon soutien et mes meilleurs vœux de succès sur votre chemin vers la découverte de vous-même.

Votre parcours à travers ces pages a été unique et enrichissant. À présent, je vous encourage à partager la lumière de votre expérience. Vos découvertes et réflexions sont des trésors à offrir. Laissez un commentaire pour nous dire ce qui vous a le plus touché ou aidé.

Si au fil de votre lecture, des conseils ou des pratiques vous ont aidé à avancer, partagez-les. Peut-être avez-vous des enseignements que vous souhaitez partager avec ceux qui empruntent le même sentier ?

Votre connaissance peut servir de boussole à d'autres dans leur quête personnelle.

Tissons ensemble une toile de savoir et d'entraide. En partageant nos expériences, nous enrichissons la compréhension collective. Votre voix est importante et peut inspirer bien au-delà de ce livre.

Merci de m'avoir choisi comme compagnon de route. J'attends avec enthousiasme de découvrir vos histoires, vos triomphes, vos obstacles surmontés et vos perles de sagesse.

Avec toute ma gratitude.

Printed in France by Amazon
Brétigny-sur-Orge, FR